25

靈 · 鷲 · 山 · 誌
國際發展卷

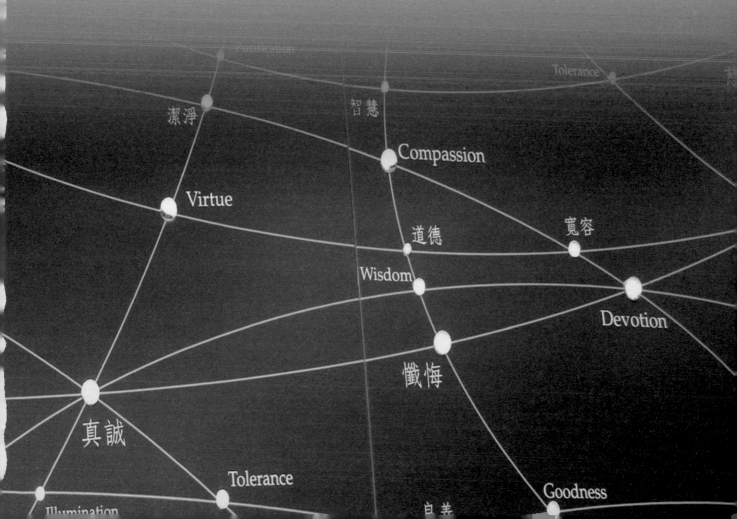

總序

開山和尚——心道法師

彷佛初上靈山，轉瞬間已經是廿五個年頭了！

感恩釋迦佛創立佛教，為世間留下了遠離輪迴痛苦的妙法以及開啟自在解脫的法門，也感恩諸佛菩薩、龍天護法與法界眾生的護持，靈鷲山才能成為像今天這樣利益眾生的教團、也才能成就與圓滿釋迦佛的度生志業。

當初為了修行，我常往來於宜蘭台北之間，總想在這兩個城市中擇選一處，來興建道場、弘法利生，繁榮地方。由於這個本願，相應了日後在福隆卯鯉山（今之靈鷲山）斷食閉關的因緣。在開山過程當中我們碰到大大小小的困難，也因為這些逆緣，結識了來自各方的善緣，讓我們能夠圓滿的解決各種危機，奠定了日後靈鷲山發展的基礎。

出關後，我一直想辦佛法教育，想讓所有人有更多的機會來體會佛法的切身好處。隨著時代的變遷與生命的歷練，我感覺到作為一個大乘的菩薩行者，在弘法的時候，也應該面對資訊化、全球化所帶來的時代問題；因此我選擇了不同於教界普遍推行的志業，在與第一批十二名出家弟子共同努力下，開始篳路藍縷的一步一腳印，開創靈鷲山這片佛土基業，也完成了世界宗教博物館的建立。

開山這廿五年來，我所做的就是一直鼓勵大眾來學佛，從幫忙解決個人問題、家庭生活的煩惱，到各種困擾人心的疑惑，接引他們皈依三寶、參加法會、禪修等，先使他們對佛法產生信心，然後勸他們發菩提心，讓大眾在感受到佛菩薩的慈悲與願力的同時，能發心救度一切眾生的苦難，進而跟我一起投入利益眾生的志業；然後再從具體實踐的過程中感受到自身能力或願力的不足，進一步自覺的想要深入佛法，這樣，教育

志業就自然推動開來。無論是蓋博物館或是建設華嚴聖山，我都希望弟子們發菩提心、行菩薩道，自利利他、自覺覺他。

時代在變，為了佛法的傳承，我們大乘佛教處在當前這個快速變化的世界，需要有更宏觀的眼界和做法。看看當今的法脈流傳，密乘在國際間蓬勃發展，南傳禪修的完備體系也走出森林、跨入世界而開枝散葉，顯示出佛教的全球性弘化因緣已然具足。我們希望佛教能與其他世界性宗教平起平坐，在全球化浪潮中持續發展，利益眾生。因此佛教教育要能融通三乘，破除彼此之間的隔閡，吸收彼此的優點，呈現出三乘合一的現代佛教風貌。不僅如此，我們更希望現代佛教還要能與世界其他宗教互動、互濟，相互理解、相互對話，共同為全球的和平奉獻心力。這也正是我們靈鷲山佛教教團和世界宗教博物館所肩負的時代使命。

世界宗教博物館從二〇〇一年開館到現在，已成為各宗教間對話的平台，致力於增進彼此的了解與寬容。「對話」甚至成為和平進程的必要條件，我們不只舉辦一系列的回佛對談，也透過宗教對話與合作，積極回應全球性的議題，共同解決眾生的苦難。

回顧過去的種種，讓我們對未來的方向更加充滿信心與願力。靈鷲山想在接下來的第二個廿五年繼續弘法利生的志業，勢必要更加重視教育體系的推廣以及弘化人才的養成。如何形成一個兼具著三乘經教與禪修實踐的完整教育體系，是我們要積極努力的目標，這部分包含我對「三乘學院」和「世界宗教大學」的願景與期待。而近年來，我們積極建設華嚴聖山，是為了將佛法教育以生活結合修行的方式呈現出來，讓一般大眾

在含攝於空間的神聖性當中，體驗到清涼佛法的無所不在，這也是我們對弘法人才養成的具體實踐。

靈鷲山無生道場，一面背山、三面環海，日出日落盡收眼底，在這片洞天福地中，也更能讓人領略因緣聚散、朝露夕霧的遞嬗。廿五載歲月走來，雖難免陰晴圓缺的世情歷練，但是我希望靈鷲山這個團體，能夠繼續作為一個教化眾生的平台，讓每一個跟靈鷲山結緣的人，都能在這裡面有長遠的學習空間與成長機會。

「佛」是我的生命；而我視我的弟子如同我自身；眾生是成就遍智的樂土，是成佛的道場。所以，「傳承諸佛法、利益一切眾生。」將是身為靈鷲人心中永恆的願力召喚。

願與十方共勉！

釋心道

西元二○○八年七月　於靈鷲山無生道場

編序

靈鷲山開山廿五年，雖不算長，卻經歷了全球化的巨變年代，台灣社會也興起了史無前有的佛教盛況。作為見證當代佛教變遷與發展不可或缺的一部分，靈鷲山佛教教團的出現、成長與茁壯，其所走過的種種心路歷程為何？其所關注的世間志業為何？揭櫫何種法脈傳承影響時代？開創何種弘法作為引領眾生？凡此種種，不僅身為靈鷲人皆應反思自問，同時也是靈鷲山佛教教團作為承接當代佛教變遷與發展的一份子，該交代清楚的時代使命。因此，編纂《靈鷲山誌》成為靈鷲人無可規避的責任。

此套《靈鷲山誌》的編印，是　師父廿五年來弘教傳法的悲心願力總集。從開始構思策劃到落實，從逐年集稿到編輯出版，皆仰賴　師父的加持護念與眾人的心血匯集而成。期待這套書不僅成為靈鷲人的歷史回顧，更能提供學佛人求法向道之明燈，以及發願入菩薩道行者，方便濟世之舟。於此分述各卷特色與編輯重點：

宗統法脈卷：含宗師略傳、法脈傳承、公案珠璣和語錄傳燈等四篇。本卷介紹開山和尚的生平背景及修行事蹟，並包括師父年譜。接著說明靈鷲山三乘法脈的傳承系譜、法脈源流，並詳述其緣起。然後收錄了數十則　師父活潑教化、應機說法之公案珠璣。最後檢選節錄　師父的傳燈語錄。閱讀此卷將神遊覺性大海，一睹智慧豁達無礙之景象，更能發現參禪樂趣之無盡燈。

寺院建築卷：靈鷲山佛教教團的寺院建築包含總本山、分院、全球各區會講堂以及閉關中心。本卷介紹其神聖空間形成之理念與建設過程，並描述建築呈現之美與作用特點。

人誌組織卷：本卷主要是以人誌組織為主，包含現有僧團規約制度、開疆十二門徒記述及僧眾側寫，並介紹多年來護持教團發展的護法幹部以及社會賢達。另陳述教團相關立案組織之功能。

　　藝文采風卷：證悟者對美的呈現是自然流露的，無論是在畫紙上或生活中，都能充分運用美的元素，去呈現真心與純良。此卷收集　師父的墨寶、往來書信函、教內教外友人相贈之文物以及教團祈願文，傳達佛法要旨與菩薩祝福。

　　教育文化卷：教育是一個組織能否永續的命脈，本卷闡述靈鷲山的教育理念——禪為體、華嚴為相、大悲為用，並詳細說明「生命教育」、「環保教育」與「和平教育」的意涵。另外介紹相關教育與研究機構的現況與發展，以及文化出版志業的概況。

　　國際發展卷：靈鷲山以「尊重、包容、博愛」的信念，開創世界宗教博物館，以「愛與和平」走向世界，企盼地球一家、社會和諧、世界和平與地球永續。本卷首先說明國際發展的意義，即是愛與和平的實踐。然後介紹「世界宗教博物館」，從建館的理念、緣起、籌建與落成之前後紀實，到館設收藏與展覽活動的點點滴滴，都是「愛與和平」力量的匯聚。接著介紹「愛與和平地球家」，歷述靈鷲山與世界各大宗教的對談、交流和合作，及對全球議題與人類苦難的積極回應，十年和平之路，一路走來，皆是對永恆真理與和平渴望的努力與實踐。卷末收錄　心道師父的三場國際重要演說與受獎事蹟。

　　弘化紀實卷：廿五年來靈鷲人與台灣社會脈動同步呼吸，這個社會的憂喜，皆有著來自靈鷲人的喜樂與悲憫。本卷收錄

靈鷲山廿五年的百則大事紀要與大事年表，記載教團在法脈傳承、護法弘化、宗教交流與生命教育上的軌跡與成果，期望大眾對教團的歷史與華嚴聖山的理念，有更深入的掌握和體悟，並作為接引眾生學佛與自身精進的方便法門。

這套書前四卷是敘述靈鷲山內部的種種，從宗統、建築到人物組織和尺素風雅，道盡靈鷲山廿五年來的人事變遷與物換星移，同時也突顯了靈鷲山之所以出現、成長和茁壯的時代意涵，及教團肩負的時代使命。後面三卷，從台灣到國際，從佛法到生活，通過不同的面向，說明靈鷲山的志業如何落實在這個時代，以及在　師父的慈悲願力引導下，靈鷲人如何在每一個需要他的角落，體證著大悲願行。

至誠感恩三寶加被，龍天護持，得以成就此樁功德，回向法界一切眾生，普沾法水，共沐佛恩。

釋了意　合十
西元二〇〇八年七月廿五日　於世界宗教博物館

卷序

　　國際發展是什麼？我們靈鷲山佛教教團已經過了二十五個
年頭，在這個時代的角色是什麼？師父是個苦行出身的禪師，
更是個欲拔悲憫眾生苦難，心繫佛陀家業的行願菩薩，因此，
聞聲救苦是靈鷲人所向之處，光明遍照是師父心之所念

　　跟隨著心道師父從事國際宗教交流，一轉眼已快經過二十
年了。在這段歲月裡，我跟著師父走遍世界各地，聽過許多因
為宗教問題所引發的對立衝突及人類以自身慾望假宗教之名而
造成的戰火與悲劇，還目睹了人類無情對待地球所造成的自然
災難。螢幕上那一幕幕讓人不忍的殘破景象，和那災難現場的
一張張瑟縮的臉龐，都讓我更加確信，一個宗教交流與對話平
台的出現，有助於消弭宗教之間的衝突與對立；宗教家愛與靈
性力量的合作，更有助於全人類以及地球的永續發展。而師父
所提倡的「愛與和平」的理念，正是讓不同宗教間相互尊重、
共同合作的最佳法門。

　　也因此，伴隨著師父推動國際交流而發展的兩大組織：
「世界宗教博物館」與「愛與和平地球家（GFLP）」，就成
為實踐師父「愛與和平」理念的重要志業體。也成為師父和他
的弟子、信眾以及追隨者、護持者共同呈獻給世人的一份訴說
著「愛與和平」的禮物。

　　「世界宗教博物館」和「愛與和平地球家」的出現，雖然
是體現了師父的悲心與願力，但更重要的是更多來自四面八方
的善緣的幫忙。宗博館和「愛與和平地球家」作為一個實踐
「愛與和平」理念平台存在的同時，更是作為一個積累善緣能
量的平台而存在，讓更多有心人的力量可以通過這個平台凝聚
並且發散。因此，這兩個志業體的成就，是千千萬萬心繫「愛

與和平」理念的人的共同成就；這兩個志業體所散發出來的能
量，也是千千萬萬心繫「愛與和平」理念的人共同努力的成
果。

今天的「世界宗教博物館」與「愛與和平地球家」，不但
是一個不同宗教間進行溝通與對話的重要平台，同時也是強調
宗教關懷和落實生命教育理念的重要載體。在國際上則是成為
一個落實「愛與和平」的重要推動者，在宗教交流、急難救
助、聖蹟維護、區域保護上都扮演重要的角色。兩者相輔相
成、相互合作，將師父和千千萬萬心繫「愛與和平」理念的人
的具體實踐，發送到世界上任何一個需要的地方。

通過這一卷的敘述，我們可以知道，世界上有許多人，與
我們存在一樣的信念，正作著同樣的努力。因此，這一卷的內
容，我們除了將之作為靈鷲山開山二十五周年的一段國際交流
歲月的記事外，也將之呈獻給那些與我們在相同道路上努力的
朋友。願未來一起攜手共勉，召喚更多的愛心，在這條推動
「愛與和平地球家」的道路上繼續努力！

釋了意　合十

西元二〇〇八年十月廿八日　於北京

目錄 CONTENTS

總序 2

編序 5

卷序 8

國際發展之意義篇

序曲 14

當代人類生存的危機 16

心道師父理念的緣起與實踐 18

世界宗教博物館篇

宗教博物館理念的出現 26

宗教博物館的緣起與落成 32

展館設計的內涵意義 50

宗教博物館的功能與貢獻 68

推動全民生命教育 80

未來展望 88

愛與和平地球家篇

宏大的悲願——「愛與和平地球家」的緣起 92

聖者的足跡——成果豐碩的國際交流歲月 96

聖者的行願——「愛與和平地球家」的志業與貢獻 128

未來展望 170

心道法師國際演講與受獎事蹟篇

千禧年的心靈挑戰——世界宗教博物館的回應 174

二十一世紀的佛教——我的思考、體驗和期待 178

如何轉化衝突 189

心道法師受獎事蹟 194

壹 貳 參 肆

壹

國際發展之意義篇

當全球化的時代到來，我們希望以和平悲智的方
式來維繫地球的共同存在，但和平不是自己會發
生的，我們必須透過宗教來啟發它，透過對話來創
造它，透過教育來延續它，才能共同散播和平的種
子；這就是我們想呼籲各宗教人士，一起來推動共
創愛與和平地球家的基本理念……

——心道法師

序曲

當代人類生存的危機

心道師父理念的緣起與實踐

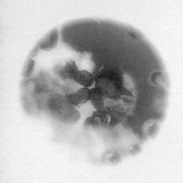

序曲

　　十多年前的宜蘭莕蘭山上，一名一無所有、長期斷食閉關的苦行僧，蹲踞在山壁洞口，用他充滿睿智的雙眼，若有所思的凝望著眼前的一片汪洋。在他身旁站著的，是一名遠渡重洋來台求學的年輕德籍女孩，那時她剛滿二十歲，對生命充滿熱愛與好奇，對未來充滿了憧憬與期待。

　　和風煦煦吹拂著兩人臉龐，海天一色的風光讓人心醉，一僧一俗共同分享著來自蒼穹的靜謐。一陣沈默之後，苦行僧突然開口說道：「瑪莉，有一天妳會跟著我一起工作，一起走遍全世界……」這個名叫瑪莉的女孩聽了很疑惑，她一邊望著滿山荒蕪又沒水沒電的四周，一邊看著苦行僧單薄羸瘦的身影，心裡想：「你在說什麼，這有可能嗎？」

　　如今，當年在莕蘭山上閉關苦修的苦行僧，已儼然是致力推動世界和平工作的國際級宗教家。而那名德籍女孩也成為了那名苦行僧身旁推動這些志業的重要左右手，不但擁有佛學博士頭銜，會說五國語言，現在更擔任世界宗教博物館國際事務部主任，負責與世界各大宗教單位聯繫，並策劃執行宗教交流的相關事務。因緣或許不可思議，但是，當年的預言果然成就了心道師父無分種族國界、平等度眾的宏願！

　　宗博館的資深館員范敏貞的一段話，恰足以說明心道師父的遠見：「當人們極目眺望，只看見那是漫長渺遠的路途；師父的眼光卻越過地平線，落在人們所不能見的另一端，那裡是清涼寶地，娑婆世界，讓歷劫眾生，到此離苦得福……。」

　　也因此，當全球化的浪潮衝擊全球的同時，心道師父也已經悄然的以一個佛教徒的身份籌建世界宗教博物館，並且開始了他與其他宗教進行國際交流與對話的足跡。

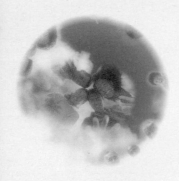

當代人類生存的危機

歷史巨輪的不斷轉動，勾勒出不同時期人們的生活樣態，也讓不同時期的人們有著不同價值所帶來的成就與失落。伴隨著當代資訊科技與交通的發展，世界進入一個休戚與共、雞犬相聞、互助共榮的全球化時代。

然而全球化的來臨雖然為人類的生活帶來前所未有的便利，但是也為我們帶來許多前所未有的隱憂或問題。不同面向的全球化帶來了不同的問題：經濟全球化在全球經濟體形成的同時，也導致了區域性貧富差距的落差愈來愈大，造成富者愈富、貧者愈貧的局面；文化全球化則是在通過科技或網路的傳播，形成一個共通的全球文化認同的同時，導致了許多本土價值的混淆與迷失，從而造成人們對全球文化的抗議，甚至引起本土教義派的敵視與對立；而地球資源的過度開發與使用也對我們生存的環境，帶來前所未有的破壞與威脅：溫室效應引發的冰河融解、熱帶雨林的面積迅速縮減、以及一連串氣候異常與物種滅絕等現象，我們面臨到地球生態上的重大危機。

當代思潮所標榜的理性化、科技化、全球化，讓我們在物質文明被提升到一個前所未有的發展的同時；也使我們的心靈層面的能量被耗損到無以復加的程度；人們對生命價值的思考被對物質慾望的追求與滿足所取代，而對物質慾望永無止盡的追求與不滿足，讓人們的身、心、靈都無法獲得平靜而顯得焦慮、煩躁與不安。換言之，伴隨人類物質文明提升而來的，不是人類生活的平安喜樂，而是種種焦慮、煩躁與不安；而這些負面能量的匯集，就造成了世界上層出不窮的衝突、對立與災難，甚至是戰爭。

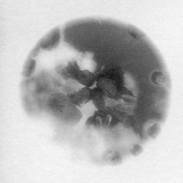

心道師父理念的
緣起與實踐

當代宗教的責任

早在靈鷲山創立初期，心道師父就已經認知到，人類歷史發展到今天，已經累積了太多的負面能量，這不但使得人們的身、心、靈都受到很大的污染與傷害，也使得我們生活的環境變得愈來愈差，影響所及，讓世界上到處充滿各式各樣的誤解、衝突與對立。因此，如何藉由一股清淨的力量洗滌人們的身、心、靈，將人們重新導回自我內在的寧靜，一方面而安享自己的生命與生活，另一方面也讓人與人、國與國之間的關係不再充滿緊張或對立，心道師父認為，這部分將是現代宗教無可迴避的責任，宗教將在其中扮演相當重要的角色。

然而，宗教雖扮演著如此重要的功能與角色，卻因為歷史因素或是區域發展的關係，不同宗教之間彼此也存在一些誤解或是對立，尤有甚者宗教間的對立乃是造成衝突的主要因素。心道師父認為，如果宗教之間能夠和平、理性的溝通、交流和對話，在溝通的過程中尊重彼此的差異，在交流的過程中建立良好的互動模式，在對話的基礎上促進全人類的生活福祉，那宗教力量就可以成為扮演地球一家、愛與和平的推手，也成為一股肩負廿一世紀人類生活文化向上提升的動力。

「世界宗教博物館」的使命

正是基於這樣的理念，因此心道師父認為，至少要先有一座能讓各宗教彼此交流、互動和對話的平台出現，而這想法促成了世界宗教博物館在台灣的出現，一方面讓各大宗教能夠互相溝通、了解，消弭彼此之間的歧見或衝突；另一方面則結合

宗教至真、至善、至美的精神，擴大接觸到宗教善知識的機會，激發世人的愛心與善念，來感化地球上每一個心靈。

　　然而，這樣的善種子在台灣落地生根並且逐漸開花結果的同時，國際上卻也發生了一些讓人覺得遺憾的事情：2001年3月11日，阿富汗塔利班政權將兩尊擁有一千五百年歷史的巴米揚大佛予以炸毀一事，讓許多宗教和文化界人士心痛不已；半年之後的9月11日發生了震驚世界的「911事件」，美國紐約世貿大樓遭到兩架劫機的自殺式攻擊，造成相當慘重的傷亡，國際視聽一片震撼，主謀者被判定為宗教極端份子。上述兩件事情都被認為與宗教文明的對立和衝突具有密切的關連性。這也使得心道師父認為消弭宗教間的誤解、對立和衝突成為一件刻不容緩的事情。

　　也因此，2001年11月9日，一座作為宗教交流的平台，力倡「尊重、包容、博愛」之精神的世界宗教博物館正式開館。宗博館開館不但象徵宗教交流與對話理念的具體落實，也代表宗教交流能量的正式匯聚與發散。

「愛與和平地球家」的責任

宗教博物館開館之後，師父即構思如何將他的理念，進一步的推廣到世界各地。此時的師父意識到，宗教，彷彿是一條條緊張的繩索，因為種種因素，讓戰爭與和平在兩端拉扯、較勁，然而，不同宗教間對人類生命或生活的正面意義幾乎都是相同的；它們都希望能夠以尊重、包容和博愛的精神來引導人類的生命，同時也希望成就一個和平共榮的生活世界。因此，心道師父提出了「愛與和平」的理念，作為他進行宗教交流和推動國際和平的時代宣言。這個理念不只是他宗教交流與對話的主軸，也是他對人類世界發展的企盼。

心道師父的心中深切的相信著：地球只有一個，是我們唯一的家，如果人人都抱持著「愛與和平」的觀念，又怎麼會忍心殘害這個唯一的地球、這個唯一的生活環境以及生活在這個環境上的每一個人呢？

雖然世界宗教博物館的出現，可以做為師父「愛與和平」理念向國際發言與落實的平台。然而國際社會的複雜程度，是否可以容許一個小小的宗教博物館在國際舞台上扮演好它所肩負的時代任務與角色？或許，我們除了以宗教博物館作為一個在地化的宗教對話與交流平台，也需要一個被全球認可、超然的跨國性組織。以此思維，促成了在「宗教博物館」誕生之後，「愛與和平地球家」隨即作為承接它在國際上的使命而成立的主因。

心道師父從事「國際發展」的意義

　　「世界宗教博物館」與「愛與和平地球家」都是強調面向世界、面向國際的，雖然看起來一個是本土化下的作品，一個是全球化下的產物；一個以硬體的「博物館」方式呈現，另一個是做為軟體的「非政府組織」的型態發揮作用，但兩者所肩負的使命都是一樣的，亦即將心道師父「愛與和平」的理念穿透到世界的各個角落，撫慰人們身、心、靈。兩者雖然名稱不同，但是作用是一樣的，兩者的結合可以視為是心道師父「愛與和平」理念向國際發散的一個完整的弘法利生志業體。

　　因此，在本卷中所提到「國際發展」的觀念，不單是指涉心道師父或靈鷲山佛教教團的全球布局或經營情況；要強調的也不是心道師父或靈鷲山教團在國際間的成就或發展，而是要說明心道師父與靈鷲山佛教教團，是如何將「愛與和平」的理念，通過「世界宗教博物館」和「愛與和平地球家」兩大志業體，向全世界傳播與發散。「國際發展」的重點不只是心道師父與教團的國際發展，更重要的是其「愛與和平」理念的國際發展，這一點是我們甚至社會必須認知到的真實價值。

「愛與和平」能量的匯聚

　　一個大願的成就，不是一個人可以獨立完成的，而是仰賴各方力量的支持與肯定。心道師父「愛與和平」的理念之所以得以透過他的兩大志業體獲得國際發展與呈現，其背後是仰仗許多善因緣的幫助。這包括一路陪著師父走來的諸多弟子們，殫精竭慮、各司其職的幫師父實踐他的志業，以及不計較一

切，在未必全然瞭解師父的宏大悲願，卻只憑師父的一句「相信我」就默默付出、出錢出力的靈鷲山佛教教團護法會群眾。此外，還有許多來自不同地區、不同領域的專家、學者以及宗教界人士的認同、肯定與幫助。這種種善因緣，可以說，這兩大志業的成就，正是在匯聚了來自四面八方「愛與和平」的力量所呈現出來；換言之，正是因為心道師父對這兩大志業體的實踐，整合了四面八方「愛與和平」的力量，因此而匯聚並散發出能量。

在這裡，就讓我們伴隨著心道師父志業開展的軌跡，重新回顧從「世界宗教博物館」到「愛與和平地球家」的成就歷程，看心道師父如何篳路藍縷、一步一腳印的引領著他的追隨者一起成就這樣宏大的悲願。

在這樣的悲願實踐過程中，通過對「愛與和平」理念的堅持與推動，心道師父也將靈鷲山佛教教團帶往一個全球化發展的方向，教團從台灣向國際發展的同時，也象徵著心道師父「愛與和平」理念在國際社會的的逐步發展與落實。

世界宗教博物館篇

其實宗教博物館，不過是為大眾找一個心靈的
家，它是心靈的詮釋者。
如果在宗博館，能夠創造一個起點，讓整個地球
成為一個大家庭，那就值得堅持去做。

——心道法師

宗教博物館理念的出現
宗教博物館的的緣起與落成
展館設計的內涵意義
宗教博物館的功能與貢獻
推動全民生命教育
未來展望

宗教博物館理念的出現

在《華嚴經》中提到：「諸法從緣起，無緣則不起」這句話的意思是說，一件再簡單不過的事物都可能有它千絲萬縷、錯綜複雜的因緣或條件，更何況是兼容並蓄、以尊重、包容、博愛的理念，來作為承載世界各大宗教文化的平台的世界宗教博物館？無庸置疑的，這種因緣或條件與心道師父的生命歷程是密不可分的結合在一起的。

師父的修行與道場的成立

心道師父出生於緬甸，在戰亂頻繁的滇緬邊境度過他的童年，目睹人世間的流離動盪、生離死別，讓他對戰爭所帶來的災難有相當深刻的體認。十五歲那年，心道師父於偶然間聽聞觀世音菩薩聖號而深受感動，於是立志向佛，開始茹素，隨後並於手臂刺上「悟性報觀音、吾不成佛誓不休」，腹部則刺上「真如度眾生」字樣，發起修道利生的大悲願。

1973年，心道師父正式於佛光山剃度出家，隔年，師父開始他塚間閉關獨修苦行，經過近十年間的塚間苦修經歷，讓他徹悟「緣起性空」的無生智慧，並從性空觀緣起，觀一切眾生於這個娑婆世界所承受的種種苦，遂發願度一切眾。所以，在1984年時，師父以「靈鷲山無生道場」之名開山，以「傳承諸佛法，利益一切眾」為靈鷲山的弘法理念。

到了1985年，師父結束了為期兩年多的斷食閉關，出關後，隨即到印度、尼泊爾等地朝聖，返台後，師父展開弘法度眾的悲心大願，圓滿「真如度眾生」之本願，而社會各方人士，甚至是來自他鄉的外國朋友，聽聞台灣東北濱臨太平洋的福隆山區之洞窟中，有這麼一位曾長期斷食閉關的修道者，於

是自四面八方來的各界人士都專程來此參訪問道。

　　一時間，「靈鷲山無生道場」之名不脛而走，師父也成為諸多信眾參訪請益的心靈導師。

當代煩惱的根源

　　師父本著無緣大慈、同體大悲之精神，可說是來者不拒，有問必答，充分展現其慈悲心腸。來訪人士提問的問題從日常生活的大小煩惱、人生意義、宗教信仰，林林總總問題的請教與探索、討論。心道師父常慈悲地為來訪信眾的疑惑作深入的解答，並針對煩惱問題作更進一步的分析、觀察與思考。

　　師父意識到，這些諸多提問的背後，其實是隱含著來自對現代多元社會生活形態與價值觀所產生的種種困惑。尤其是科技發展的強大效應和全球化鋪天蓋地的發展趨勢，衝擊並且模糊了人類對宗教信仰的態度，導致個人在信仰層面上產生了矛盾與迷失，同時也導致世界的混亂與衝突。

　　從個人的價值觀念來說，這一世代的人們變得難以掌握生命的自我方向，很容易便迷失在紅塵俗世之中卻不知如何取捨，在光鮮亮麗的外表下隱藏的可能是對生命的徬徨與無助，汲營於生活中的是對生命的焦慮與無奈，這也使得人與人之間

的關係變得充滿緊張、冷漠與不信任。而將個人的生命放大到世界局勢方面，又見個人對信仰的衝突與矛盾擴大到對不同宗教文明的衝突與矛盾，師父深切的感受到宗教文明間所產生的誤解、張力和對立，稍一不慎極可能成為引發衝突甚至戰爭的主要藉口。

宗教的力量

心道師父認為，唯有讓人們重新回到宗教至真、至善、至美的懷抱中，才能解決人類生命中的種種矛盾與疑惑。然而，世界上有些地區，例如中東的巴勒斯坦和以色列之間的關係，由於政治和經濟等種種因素，加上不同宗教之間的誤會，導致以巴的長期緊張關係，雙方隨時有爆發戰爭的可能性；但另一方面，羅馬教廷則不斷向世人宣告世界和平的訊息，呼籲和平共存的重要性。戰爭或和平？人類該如何面對這一難題，這些問題一直縈繞在師父心中，究竟要如何讓世人認識到不同宗教文明間是應該相互尊重、包容的，才能化解宗教間的衝突對立，並由此消弭宗教戰爭發生的可能性。當這些訊息慢慢在心中沉澱，師父了解到，唯有通過宗教間的交流互動，才可能促成宗教間的和平，而宗教間的和平可以使世人減少許多征戰殺伐行為的產生。

所以，如何通過宗教幫助世人重新找到生命的方向，並且通過宗教間的交流與溝通，消弭由誤解、對立所引發的宗教問題，就成為師父思考的重要方向。

「隨緣度眾」的思考

環顧台灣的佛教道場，當代各山頭的佛教團體都有各自弘揚佛法的發展模式，例如佛光山傳統弘法的現代化，慈濟功德會的施藥濟貧。那麼，靈鷲山該如何回應時代的呼召？如何才能找到回饋社會的著力點？當今世代的眾生究竟最需要的是什麼？

師父一心繫念於如何幫助世人找到安身立命之道的同時，也思考著如何「隨順眾生」或「隨緣度眾」！

佛法固然十分圓滿，但由於每一眾生的福德因緣都不盡相同，所以有些人可能比較接受道教，有些人喜歡基督教，有人與一貫道相應；另外，由於地方文化的差異，有人一出生便是伊斯蘭教徒，或從小即受洗成為天主教徒。無論哪一個宗教，只要是宣揚愛與和平的，都是正信宗教。然而，每一個宗教的確都有自身不同的歷史文化背景和信仰脈絡，所以展示出來的「教相」必然有所差異，有時不小心便會造成彼此的誤解。師父一直思索著這些問題，究竟有什麼方法可以讓世人一方面領會生命意義，找到生命的歸依；另一方面又能正確了解各不同宗教的義理、思想、禮儀、教相等等，並使每個人都找到最適合安頓自身生命的宗教信仰，又能以愛與和平接受其他不同的宗教信仰。

「世界宗教博物館」概念的成形

就因為對上述因緣條件的反覆思考，以及來自包括學術界、藝文界、宗教界和博物館界等各種不同領域之朋友們的諸多討論、提議和建言等，師父開始有了興建博物館的念頭。再加上師父對宗教藝文品的喜愛，認為這是引導大眾認識宗教的一項最佳工具，因此，就在這些因素的激盪之下，「世界宗教博物館」這一概念逐步發展成形。

「世界宗教博物館」是讓大眾在沒有任何壓力和教條型式的情況下，以輕鬆愉快的心情來學習世界各大宗教的教義內容和禮俗儀式，選擇最相應自身生命的信仰，又能了解其他不同信仰者的信仰內容，讓「尊重、包容、博愛」這份理念播種到每一個人的心田裡。這一構想，使得「世界宗教博物館」成為理想的生命教育、宗教教育的場所，而「尊重、包容、博愛」也就成為「世界宗教博物館」的理念，把這份理念推展、擴大到一切信仰和生命，即是「尊重每一個信仰、包容每一個族群、博愛每一個生命」。所以，宗博館這一理念不單圓滿每一

個體生命，也必然引導大家邁向全世界「愛與和平」的理想境界，而「愛與和平」理念的全球實踐正是心道師父心心念念的悲願，世界宗教博物館正是這份實踐的平台和載體。

困境下的熱忱

　　心道師父在1989年對弟子們宣布成立「世界宗教博物館」的構想，當時師父的出家弟子還不多，也沒有財力雄厚的信眾能夠完全贊助，教團完全是處於缺錢、缺地、缺專業、缺人才，「除了理想之外，什麼都缺」的困境。但每一位弟子都被這師父偉大的理想所感召，大家都意識到這是利益眾生的正確方向，是一個具有菩薩行的大志業。因此，儘管當下看似一無所有，但大家內心充滿的熱情與幹勁，對這份志業全心全意的支持與投入的這份心念，才是籌建宗博館更關鍵的要素。

　　的確，心道師父一開始即用「真心」發起利益眾生大願，在眾弟子的支持下，以及文化界和宗教界各方熱心人士的「用心」交往，逐漸在「心」中凝聚出「世界宗教博物館」的具體藍圖，「尊重、包容、博愛」的理念內涵也日漸成熟與確立。對師父而言，「世界宗教博物館」就是把真心、愛心傳出去，並且努力落實這一構想，透過募款、學習專業、尋找人才，一步一腳印地實現這份理想，而這一切正需仰賴十方的支持與贊助。

宗教博物館的緣起
與落成

回顧「世界宗教博物館」的成立歷程，每一步都異常艱辛，但與此同時，每踏出一步，都代表「尊重、包容、博愛」理念的當下落實。所以，向前走的每一步都有它的實質意義，縱使過程有時曲折多變，甚至會遇上一些無法預期的障礙，但無論如何，籌建歷程的每一步都是教育落實，也是愛心奉獻，更是讓人充滿法喜的生命成長。

萬事起頭難

在1989年提出成立「世界宗教博物館」的概念後，心道師父和弟子們隨即為了這一史無前例的構想──「博物館」與「世界宗教」理念的結合，展開一系列的準備工作，並於1991年成立「靈鷲山世界宗教博物館資訊籌備中心」，收集各宗教和博物館方面的相關資料，而為了更具系統和組織地規劃好籌建工作，1993年成立「世界宗教博物館籌備處」，第二年聘當時任職華崗博物館館長陳國寧教授來擔任籌備處主任。同年又成立「財團法人世界宗教博物館發展基金會」，由了意法師擔任執行長的重責大任，並由工藝美術兼博物館學專家江韶瑩教授擔任執行顧問，主持計畫，成立籌建小組，積極為博物館的典藏、研究、展示、經營等計畫，招募人才、規劃建制。經各

方友人建議以及與眾人接觸、討論、
商議之後，師父和弟子們了解到，必
須致力於不同宗教的學習，籌建過程
中不斷地收藏各宗教的文物與資訊，
再透過經典、文物、儀式、藝術的導
覽，讓有信仰的人可以在此學到其他
宗教的價值與精神，讓沒有信仰的人
找到適合他的信仰。

　　雖然缺錢、缺地、缺專業、缺人才，一旦決定要創建「世
界宗教博物館」，募款、找地、網羅人才，以至於學習相關專
業知識，每一個部分的基礎工作與細節都馬虎不得。正所謂
「九層之臺，起於累土，千里之行，始於足下。」世界宗教博
物館籌備工作的每一步，都是在累積愛心、都是在廣結善緣，
也都是生命教育，這些都是建立「世界宗教博物館」的本願，
也是它的真正根基。就像宗博館的基金會當初向大眾募款，心
道師父跑遍各地，鼓勵大眾以每月一百元支持基金會，除了作
為募集籌建博物館經費外，同時具有教育大眾的功能。一百元
並不多，但卻能提供大眾廣結善緣的機會，與全世界的宗教結
緣，這幾乎等於是與全世界眾生結好緣，並一點一滴地累積愛
心、培養愛心，師父說：「要每個月一百元來練我們的心！」
所以，對師父來說，募款一方面作為實質的籌建經費，另一方
面這也是「練心」，讓我們內在靈性生命成長、培養愛心，並
且與全球眾生廣結善緣，這些都是成立宗博館的目的和功能。

馬不停蹄的參訪

心道師父率領僧俗二眾弟子，在江韶瑩與呂理政 顧問的規劃下，「宗博館籌備中心」四處參訪國內外各大博物館。希望汲取各方之特色，獲致國際性的視野。從1989年提出成立「世界宗教博物館」的構想，心道師父和僧俗二眾弟子隨即馬不停蹄地為了成立博物館事宜而四處奔走，像是1990年的「歐洲考察行」，考察西歐的人文、宗教、建築藝術、公園景觀、社會教育等各個方面。隨後又到北美、亞洲、歐洲各地區的宗教聖地、教堂、廟宇，以及世界各地深具代表特色的不同類型博物館參訪考察，學習不同的宗教思想和博物館知識，考察團曾參訪以色列猶太流離博物館（The Museum for Jewish Diaspora）、華盛頓的國立猶太浩劫紀念館（The United States Holocaust Memorial Museum）、加拿大文明博物館（Canadian Museum of Civilization）、洛杉磯寬容博物館（Museum of Tolerance）、俄羅斯宗教歷史博物館（The State Museum of the History of Religion）、德國馬堡大學宗教系附設教學性博物館、英國聖蒙哥宗教生活與藝術博物館（St Mungo Museum）、大英博物館東方藝術館等等，所有這些參訪，既是具體學習、擴大視野，又是搭起國際友誼的橋

樑，為日後國際發展、宗教文化交流，建立良好溝通管道做準
備，正如心道師父參訪美國紐約的一座基督教時，演講詞中提
到：「我們今天來到這裡，不是來傳教，而是來和你們做朋友
的。」頓時獲得在場基督教朋友熱烈掌聲的回應。

在前期的籌備階段，宗博小組不斷拜訪宗教學界、博物館
界的先進，召開諮詢會議、規劃委員會。學界如中研院院士李
亦園教授、石磊教授、陸達誠教授、李豐楙教授、董芳苑教
授、林保堯教授、王綠寶博士；博物館界如陳國寧教授、張譽
騰博士、秦裕傑先生、周肇基博士、高振華先生、黃淑芳博士
等飽學耆宿，都貢獻了豐富的經驗，而日本久留米大學宗教研
究教授安達義博，擔任籌備處主任，則是到福岡參訪時結下的
因緣。

國際社會的支持與肯定

心道師父和其弟子的足跡，為了籌建宗博館和宣揚愛與和
平的理念，踏遍了地球上的各個角落，除了參訪與考察外，他
也因為在國際上獲得了許多宗教界人士的推崇與尊重，而應邀
出席重要的宗教會議。1999年年底，師父應邀赴南非開普敦參
加第三屆「世界宗教會議」並發表了兩場演說。在2000年
「聯合國千禧年世界宗教領袖和平高峰會議」，心道師父也應
邀發表演說。在這些重要的國際場合，心道法師所到之處，總
是見著他以不甚流利的英文，說著「Love & Peace」，謙卑
地、誠懇地握著每個人的手，熱情的打招呼。很多國際的宗教
領袖與學者們，就是被他的熱誠、被他全身全心所表現的謙遜
與仁愛、誠懇與尊重所感動，而結為好友、夥伴。關於這一部

份，這裡只是稍微提及，詳細的內容我們在後面將會再說明。

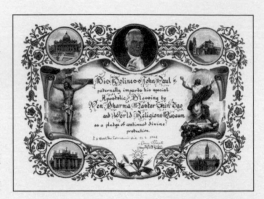

參觀、考察、訪問、交流，知識學習的同時，激盪出無數具體鮮活的靈感，與眾多國內及國際友人情誼的建立，更促成「世界宗教博物館」成立的各種有形和無形力量。不少人士認同心道師父的理想，陸續送來珍藏的骨董。當然，成立宗博館需要的大量文物，還是必須透過向國內文物商採購與國際文物拍賣會競標等管道來蒐集，但無論如何，伴隨宗教交流情誼而獲贈的文物，例如前天主教教宗若望保祿二世的祝福狀、達賴喇嘛致贈象徵慈悲與智慧的杵和鈴等等，除了宗教文物本身十分珍貴，宗教友人們的這份心意更是難能可貴，是幫助、支持宗博館成立的有形資源和無形的精神能量。

愈挫愈奮的行者之念

當然，在這段歲月裡，心道師父和他的弟子以及夥伴們也曾經遭遇許多挫折，很多次都讓人有想要放棄的衝動，但是由於心道師父對理念的堅持，鼓舞了與他一同完成此志願的人，讓工作人員愈挫愈勇，才讓此一志願得以堅持下去。

心道師父曾經對大眾說過籌建宗博館的意義：「籌建世界宗教博物館的工作，正如同觀世音菩薩能以無畏施於眾生：應以何身得度者，即現何身而為說法。這是一個普門示現、利益

眾生的志業,值得我們用整個生命去奉獻、去服務。」

而在因為工程進度停滯,讓支持者產生惶恐不安時,心道師父也不斷的用建立宗博館的意義來激勵支持者:「佛法修到一個階段,就要把佛法的利益傳播給別人。人能獲得的最大利益,其實就是觀念上的改變。如何讓社會獲得宗教的利益,放下分別心,互相學習、各得其所?這就要靠宗教精神,也就是互相尊重,共同來博愛生命,推動愛與和平,保護環境。如果宗教能團結起來,減少衝突,就能少一些殺戮和戰爭。」

而在外界抨擊成立博物館終歸是不切實際的理念時,師父很誠懇地說:「其實世界宗教博物館,不過是為大眾找一個心靈的家,它是心靈的詮釋者。……如果在宗博館,能夠創造一個起點,讓整個地球成為一個大家庭,那就值得堅持去做。」

宗博館地點的確立

正是因為心道師父的信念,所以在冥冥之中受到諸天佛菩薩的庇佑,在這個過程中有許多善緣出現,為宗博館的創立貢獻心力。例如最初宗博館的土地取得,就是由東家機構董事長邱澤東先生捐贈的。

「世界宗教博物館」原初構想是設立在福隆的靈鷲山及臨近腹地,但由於山林土地產權取得困難,又受到許多相關法規限制,基金會決定先設立台北館。1994年,透過靈

鷲山護法吳家駒建築師的引薦，東家機構董事長邱澤東先生來到靈鷲山，與心道師父會面。當時，邱先生正規劃於台北縣永和市興建一間大型住商辦綜合大樓。由於喪妻之痛，深覺人生無常，他與師父見面後，感佩心道師父淑世度眾的胸襟，邱先生慨然捐出該大樓六、七兩樓層，近二千坪的空間，供師父建館使用。位於鬧區的台北館，正好作為世界宗教交流的資訊平台，為日後的國際發展提供更多方便性和可供應用的資源。

邱先生的發心使得宗博館的工程能夠順利於1995年舉行破土大典。1997年初，由吳家駒建築師、立面設計黃模春建築師、正弦機電顧問公司、復興營造籌組成建築團隊，宗博館大樓開始動工，至於與百貨公司共用入口問題，也經由漢寶德教授的建議，最後爭取到獨立的一樓門廳和電梯，夢想終於由平面而具體化了。

設計過程的溝通

在取得建館用地後，宗博館籌建地點問題暫告一段落，接下來必須找到合適的設計公司，於是在國內博物館專家顧問的指導下，組成宗博的評審委員團，可謂國際菁英濟濟一堂，不

分膚色種族，同為一個志業而奔走，包括
前美國寬容博物館館長吉拉德‧馬格理斯
博士（Dr. Gerald Margolis）、英國聖蒙哥
宗教藝術與生活博物館研究員馬克‧歐尼
爾博士（Dr. Mark O'Niel）、張譽騰博
士、黃淑芳博士及本館江韶瑩、呂理政兩
位夙富聲望的顧問，最後在三百多家國際
徵選設計公司徵求書中，選出英國3D
Concept公司，然而，文化隔閡的阻力超
乎預料，3D Concept公司無法具體闡釋師父的理念，半年後便
結束雙方的合作關係。而與RAA展示設計公司（Ralph
Appelbaum Associates Incorporated）合作。RAA公司的作品包
括猶太浩劫博物館、新聞博物館、美國自然歷史博物館的生物
演化廳，RAA公司能針對迴異的主題而呈現出不同的設計特
色，詮釋出各種不同的情緒和風格，對於「世界宗教博物館」
這一史無前例的構想，RAA公司應該是符合理想的設計者，該
公司負責人奧若夫（Mr. Ralph Appelbaum）擁有六十多位中外
的工作人員，甚至為宗博館的案子，特聘研究人員，由其親自
指導，這個團隊由浩劫博物館專案經理伍戴碧女士（Deborah
Wolff）、專案設計師何莉莎女士（Elizabeth Cannel），張詩平
先生（Simon Chang）等小組人員負責翻譯詮釋奧若夫的想
法，並由王德怡小姐（Joyce Wang）及其小組成員負責圖像設
計及展示板規劃。於是，宗博館基金會執行長了意法師率領籌
備處同仁，與RAA公司進行洽談，說明宗博館需要的展示設計
和呈現的精神，在長達兩年的往返磋商之後，雙方才正式簽署

合約。

簽約後，籌備處找了專案經理王春華先生，他留學費城，專攻博物館展示設計，曾參與墾丁國立海洋生物博物館的監工，有國際合作經驗。了意法師囑咐他，一定要貢獻豐富的跨國專案管理經驗，將展示設計專案順利進展，並為未來能找到合適的施作廠商作準備。他受命赴美，接洽許多家公司合作意願。另一方面，也透過館員范敏真與美國紐約伍戴碧小姐洽談細部合作。

設計階段中期完成之後，與劉培森建築師事務所合作，為室內裝修等工程分配預算。從國內外廣泛尋找優質廠商，依設計與材料估價，後經由RAA公司的推薦，了意法師、王春華與范敏真組團赴美，接觸毛貝展示製作公司（Maltbie Associate）、唐娜勞倫斯影片製作公司（Donna Lawrence Production）、ESI視聽系統公司（Electrosonic System Inc.），聽取簡報；並與美國紐約周鍊先生主持的布蘭斯登夥伴公司（Brandston Partnership）及其在台林大為主持設計師，洽談燈光設計。這些機構都是RAA的長期伙伴，合作過美國浩劫紀念博物館、美國自然歷史博物館的生物演

化廳等大型案子，默契與品質都十分出色。

　　唐娜勞倫斯公司的負責人，唐娜勞倫斯女士，曾製作美國一座天主教附設博物館——信仰博物館（Faith Museum）的展示影片，三年來蒐集了大量的宗教影像資料。她所製作的影片，善於詮釋感情，看過的人士都深受感動，讚不絕口。館員本身不熟悉影像思維，在這方面較缺乏專業，勞倫斯告訴他們：「相信我，我做過信仰博物館以後，就體驗到更多了。」勉勵共事者一起從實踐中學習。因此影片方面，便由歐特斯網路科技公司（AutoTools）與唐娜勞倫斯展開密切合作。如世界宗教展示大廳「電視塔」（Video Tower），就是RAA帶領著唐娜勞倫斯，一起激盪出的構想。

六個主題的呈現

　　1999年，為充實研究人力，籌備處聘請洪莫愁博士、胡華真小姐等多位學有專精的研究員，與國內學者如李豐楙教授、董芳苑教授、李玉民博士、陳清香教授、黃懷秋教授、林煌洲教授、國際奎師那意識協會、日本三橋健教授、蔡錦堂教授、台北大清真寺、阿拉伯在台辦事處、世界回教聯盟、台灣猶太教教長艾恩宏拉比（Dr. Ephraim F. Einhorn, Rabbi）等請益，提供寶貴的研究資訊。

　　然而，RAA公司的設計必須搭配具有扎實研究基礎的宗教展示方式，才可能呈現出心道師父構想的宗博館理念，於是邀請任教於哈佛大學的蘇利文博士（Lawrence E. Sullivan）加入籌建宗博館的工作團隊，蘇利文博士接受展示理念的使命，並且成立了一個由博士生以上層級所組成的研究團隊，對世界各

宗教進行研究。1999年9月，館方邀請RAA公司團隊來台，召開第七場展示內容討論會，將各個展示區配置及呈現方式提出，邀請到董芳苑教授、王綠寶博士、馬孝棋教長等專家學者與會，討論宗教呈現的原則，由蘇利文博士回美繼續研究。

蘇利文博士從自己的研究和心道法師的對話中，找出了一個可以連結人、民族、文化的方法，他提出了六個主題來作為詮釋宗教的基石，作為貫穿世界各宗教的共通之處。這六個主

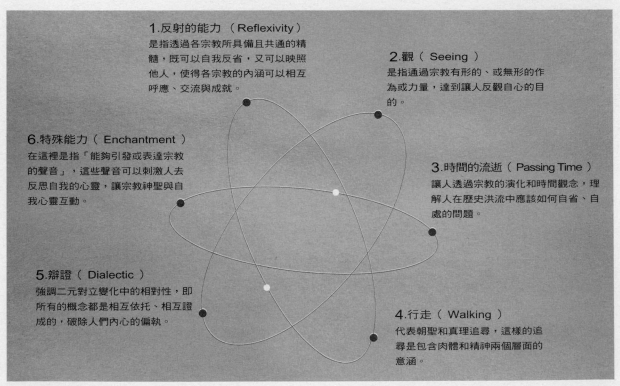

1.反射的能力 （Reflexivity）
是指透過各宗教所具備且共通的精髓，既可以自我反省，又可以映照他人，使得各宗教的內涵可以相互呼應、交流與成就。

2.觀（ Seeing ）
是指通過宗教有形的、或無形的作為或力量，達到讓人反觀自心的目的。

6.特殊能力（ Enchantment ）
在這裡是指「能夠引發或表達宗教的聲音」，這些聲音可以刺激人去反思自我的心靈，讓宗教神聖與自我心靈互動。

3.時間的流逝（ Passing Time ）
讓人透過宗教的演化和時間觀念，理解人在歷史洪流中應該如何自省、自處的問題。

5.辯證（ Dialectic ）
強調二元對立變化中的相對性，即所有的概念都是相互依托、相互證成的，破除人們內心的偏執。

4.行走（ Walking ）
代表朝聖和真理追尋，這樣的追尋是包含肉體和精神兩個層面的意涵。

心道師父的理念、RAA公司的藝術設計和蘇利文博士的哈佛大學研究團隊，三方智慧相互激盪，「世界宗教博物館」的興建工程如火如荼展開。

展品的蒐集與擺設問題

　　在解決了建館工程的問題之後，接下來要面對的就是宗教展品的蒐集問題，亦即是宗博館應該陳列哪些宗教展品？這個問題經常造成爭議，因為不同文化對「宗教」的定義並不相同，例如西方一想到中國，總認為都是「儒教」的信徒；但中國人並不認為這是一種宗教，而是一個文化。這個問題最後經過許多顧問、專家和學者縝密詳實的討論後，最後以「歷史悠久、影響最鉅，信仰人口眾多」為主要考量點，選出世界八種主要宗教：佛教、基督宗教、道教、伊斯蘭教、印度教、猶太教、神道教、錫克教；再加上原始宗教（如原住民宗教等）和古老宗教（如埃及、美索不達米亞等地的失傳宗教）等，作為常設展出的全球十大宗教。研究人員訂出各宗教展區的特色，例如佛教的展示重點是佛陀的一生、諸佛菩薩，各種儀式及經典等；伊斯蘭教以古蘭經、信徒日課的五功；印度教則注重史詩、儀式、舞蹈與恆河文化，呈現各宗教最真實、獨特的一面。而在進行展品蒐集的過程，也發生許多有趣的小故事，例如經過托夢表示自願到宗博館來坐鎮的土地公。

　　當然，除了上述問題之外，諸如展品應該如何擺設，擺設的地點應該如何設計才能表現出想要的精神，還有其他大小不等的複雜問題，都在工作團隊的悉心研究與耐心討論下，做出了最妥善、恰當的處置，並由當時的國立歷史博物館副館長黃永川和江韶瑩、呂理政兩顧問進行指導，有計畫地進藏文物。

MAIN
STRUCTURE

TO LIGHT EACH
SPACE BETWEEN
STRUCTURE

PROJECTOR

FIXTURE

籌建最後階段

西元2000年6月，籌備處大舉徵才，廣納了建築、設計、圖像方面的專業人員。每項外包工程，都特設專人應對負責。因為兩千多坪的工程，發包不易；確保品質與進度更是繁瑣困難。館方另聘請王維國經理處理發包事宜，他曾參與台北遠企大樓的工程計劃，大型工程的經驗相當豐富。王春華、王維國、顯月法師、范敏真四位組成專案小組，專責處理室內工程發包。為求專業，更邀請多年來參與協助的王明道、張國洋建築師，羅謀榮技師等多位傑出熱心的專業顧問，義務投入。該次徵選，室內裝修委由匯僑設計興業公司，燈光由金龍照明公司，機電交給裕健機電公司，空調由尚弘工程公司負責，國內首次施作的岡石地坪（Epoxy Terrazzo）工程交由祥上公司施作。年底，工程管理團隊進駐永和工地。國內工程整合完成，王維國出任工地經理，總掌工程相關事務。在建設公司依照現況交屋後，12月5日舉行開工儀式，設立工務所。

工程的進行總是有各種難題，例如宗博館地板的鋪設工，由於考量大量遊客長期於地板上走動因此必須堅固耐用，同時也希望遊客在參觀時能夠行走舒適，因此宗博的地板鋪設工程十分浩大，據說一共鋪了十幾層，耗費工作人員相當大的心力。例如華嚴世界的球殼製作，原本是找國外公司

訂造，但直徑八公尺的巨球，運輸倍增困擾。在另尋國內公司
合作時，館方輾轉經人介紹，找到專精玻璃纖維的林宜信顧
問、專精資訊的彭錦煌顧問，再加上曾慶正顧問的結構把關，
終於順利達成這項國內首創的高難度任務。

　　同時，孫正國顧問全力投入，與歐特斯公司激盪各宗教的
多媒體資料創意。並請到文壇名家高信疆、張香華等人，為展
示文字潤稿，以期讓觀眾欣賞到優美的文字，激發心靈感動。
詩人作家羅智成也為生命之旅廳由初生到死亡，提供每一生命
階段的詩句，歌詠、禮讚生命的美好。

宗博館的開館

經歷了十年的籌備時間、多次的硬軟體修正，以及眾人的滿心期待，世界宗教博物館終於在2001年11月9日正式開館。為了慶祝，世界宗教博物館邀請一百多位來自全球各地三十八個國家的政教領袖及專業人士，前來參加開幕典禮，共同見證歷史性的一刻。

開館日上午，聯合國世界和平高峰會秘書長巴瓦·金（Bawa Jain）、天主教台北總教區總主教狄剛等重要貴賓到場，共同舉行剪綵儀式。下午，靈鷲山護法會在館外了舉辦「世界宗教博物館啟用獻供大典」，包括中國佛教協會傳印法師、香港佛教會覺光法師、永惺法師以及楊釗居士等貴賓，都蒞臨表達祝賀。同時，由心道師父以及靈鷲山護法信眾共持二百五十公尺長的「哈達」，走向世界宗教博物館的入口處，表示誠摯歡迎、祝福吉祥之意。晚上則在台北國際會議中心舉辦「世界宗教和諧日祈福大會」。全體與會人員在心道師父的帶領下，正式發表〈世界宗教和諧日宣言〉，並訂每年的11月9日為「世界宗教和諧日」。蒞臨會場者，包括：荷蘭猶太教大祭司奧拉翰·索騰朵夫（Awraham Soetendorp）、黎巴嫩東正教代表塔巴基安（Tabakian）、沙烏地阿拉伯伊斯蘭教代表阿爾伊方（Al-Aifan）、義大利天主教代表米契（Mizzi）、印度錫克教大表辛古（Singh）、美國藏傳佛教頂里仁波切（Tinly）、台灣道教代表張檉、日本神道教代表三橋先生（Mitsuhashi）、印尼印度教女長老奧嘉（Oka）等宗教界人士。大家一起誦念祈禱文，祈願世界永久和平，在往後的每一

年都能持續慶祝這個深具特別意義的日子。於此，世界各大宗教齊聚一堂，同綻光芒，各顯異彩，象徵著一個宗教共融的新時代開始，也體現了「一即一切，一切即一」的華嚴世界觀。

　　宗博館的開館，時值阿富汗政權毀佛事件以及911事件剛發生不久之際，戰爭的陰影尚未散去，人心普遍懷著不安。基於「尊重、包容、博愛」的建館理念，宗博館毅然決然地在這個非常時刻上，承擔起化解宗教衝突、維護世界和平的重責大任，希望以一個展示平台的功能角色，讓各種宗教能夠相互認識、交流及合作，從共同的理念出發，為全人類指引出終極關懷的未來趨向。

護法會的貢獻

在宗博館建造的過程中，除了各界朋友不斷的支持、**鼓勵**與幫助之外，來自教團內部成立的護法會，發起名為「一人一百」的月捐一百元的勸募運動，以行動來支持師父蓋世界宗教博物館，更是令人感動，可以說是靈鷲山創造了宗博館，**宗**博館啟動了護法會。

最初，很多信眾其實不大能理解師父興建宗博館的動機**與**理念，他們也不能理解宗教交流或國際發展的意義何在，**但是**憑藉著他們對師父無比的尊敬與信念，毅然決然的選擇支持**師**父的志業。這些虔誠、純樸而且又可愛的護法會信眾，被師父的大願所鼓舞、感動，熱情地到處宣揚師父的理念以進行**勸**募，雖然過程極其艱辛，但是本著一顆顆赤誠的心，為傳揚愛與和平的使命，義無反顧地回歸簡單的信念，展開挨家挨戶**的**

勸募與服務。在今天看來，這些信眾一路行來所奉獻的，乃是
聚沙成塔、點滴成江河的菩薩道之路。宗博館也幸虧有這些人
間菩薩的護持與奉獻，才能順利問世。

首任館長漢寶德先生

2002年3月，前國立台南藝術學院校長、國家文化藝術基
金會董事長漢寶德先生，有感於心道師父崇高的理念，首肯出
任館長一職。漢館長在了解心道師父的建館理念與展示後，提
出日後了經營方向及目標：在「愛與和平」的建館理念之下，
世界宗教博物館將朝「推廣世界宗教藝術與文化」、「推動全
民生命教育」、並將「逐步改善展示內容使成為大眾化的展
示，成為大眾化的社會教育機構」三大方向來經營。這些經營
方向與目標成為宗博館日後舉辦各式展覽與活動的主要準則。

展館設計的內涵意義

館設的基本理念

宗博館作為承載各宗教的文化、藝術、教義、儀式等傳統價值的博物館,它主要的功能在提供大家一個宗教的知識之門,一條信仰的體驗之路,讓大家在充分的瞭解或真正的感動之後,再去選擇自己所認同的宗教。希望它有助於正在學習宗教或無信仰的人們,為他們打開一條免於迷惑的信仰道路。除此之外,宗博館同時也賦有承載心道師父通過宗教交流與對話去落實「愛與和平」理念的任務,因此,這座博物館也被賦予成為各宗教交流與對話平台的使命。

宗博館提出「尊重、包容、博愛」作為其理念核心,並且在此理念下實踐「愛與和平地球家」的願景。在「尊重每一個信仰、包容每一個族群、博愛每一個生命」的理念下,去推動與落實一個充滿愛與和平的地球家。

整體宗博館內部的設計概念,正是承襲著這樣的信念而來的。現在就讓我們化作宗博館的參觀者,依循著「參訪動線」,一起來體會這份神聖的心靈之旅。

世界宗教博物館各大廳展區

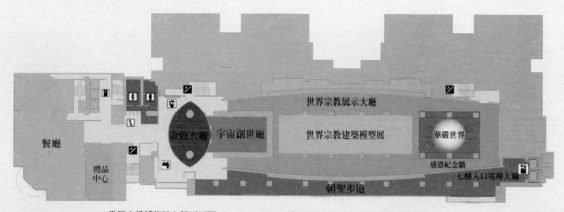

世界宗教展示大廳

金色夾廳　宇宙創世廳　　世界宗教建築模型展　　華嚴世界

餐廳

禮品
中心

感恩紀念牆

朝聖步道　　　　　七樓入口電梯大廳

▲ 世界宗教博物館七樓平面圖　7th Floor Plan of the Museum of World Religions

生命覺醒區

宇宙創世廳　　　　生命之旅廳　　　華嚴世界

特展區

謬思
咖啡廳

閱覽室　宗教學園　兒童探索區　　靈修學習區　　　　心靈體驗區

▲ 世界宗教博物館六樓平面圖

▌淨心水幕

　　參觀者一踏入「世界宗教博物館」，進入電梯，就身處於
一個不斷流洩出聲音的空間。當中的音樂和聲音設計元素，會
讓參觀者產生一種上升至另一片天地的感覺，電梯中的音效設
計配合著燈光效果，使電梯成為觀眾肉體和情緒轉換的地帶，
幫助觀眾將外界塵囂拋於腦後，帶著純淨身心進入博物館。步
出電梯後，進入到自然光線照亮的電梯前空間，首先映入參觀
者眼簾的是「百千法門、同歸方寸」這首禪宗偈語以及一片潺
潺流水的水幕牆，博物館希望每一位參觀者可以敞開心胸，展
開一趟心靈與靈性之旅。觀眾可以把手置於一道水牆中，這是
「淨心水幕」，在進入朝聖步道前，進行象徵性的潔淨儀式，
在一片潺潺的水聲中潔淨、洗滌身心，淨化朝聖者過去蒙受污
染的形式，洗去那些阻礙我們轉化重生的雜垢宿罪。潔淨儀式
具有神祕的新生力量，能夠淨化過去不潔的習性、驅散惡念，
回歸純真潔淨的本心，因此是朝聖前的重要準備。

朝聖步道

　　來到總長度約六十三公尺的「朝聖步道」中，耳邊傳來潺潺的水聲，水聲搭配著踏在不同地表上的腳步聲，好像許多朝聖者一同行走在粗質的沙地、卵石、或泥土表面，引人發思古之幽情，遙想朝聖之行旅。整個空間充滿以不同語言喃喃低語的聲音，唸出各宗教傳統裡提出來的精神性偉大問題。低沈的聲音圍繞在參觀者的耳邊，這些問題也會投影在朝聖步道沿途的柱子上。「朝聖步道」的深層意義，是讓參觀者體驗到朝聖的心境與悟道的喜悅，與此同時，也不斷地提醒自己去思考：「我到底是誰？」、「生命從哪裡來？」等等問題，引導出人們對生命深層軌跡的追尋與體悟，以及對人生歸宿等問題的透視和思考。

　　朝聖步道盡頭是一面熱感應牆，觀眾可於牆上留下掌痕手印。在遠古洞穴中，張開的手形，可能是最早表現尊敬的手勢符號，也是自我實現的萌發記錄。在儀式活動中，雙手扮演著不可或缺的重要角色：手印手勢、祈禱祝願、治癒施予、觸身

賜福等。手，成為象徵「溝通」現實的意願和穿透未來的能
力。手，在許許多多的宗教傳統中，昇華為根本的象徵符碼。
在一些宗教傳統裡，神之手，創造主宰這個世界，通達人性真
情；而人類也經由手，觸及神和世界。雙手成為我們作為自我
規範和心靈平靜的委託指標：透過雙手接觸他人，表達我們的
開放與理解，也在其中得到回應和祝福。

金色大廳

　　「金色大廳」，象徵各宗教的圖騰，呈現在以金色為主的迎賓大廳，讓參觀者能輕易地體會宗教共同主張「愛與和平」的精神。此處為博物館活動交會中心，在中央位置為一囊括了不同宗教傳統的各式色彩、圖像、材料和設計的寰宇圖；地板上鑲嵌之迷宮圖案中，四個主要方位 ── 北南東西以及輔助之中介方位，在各宗教中都佔有舉足輕重之象徵意義。

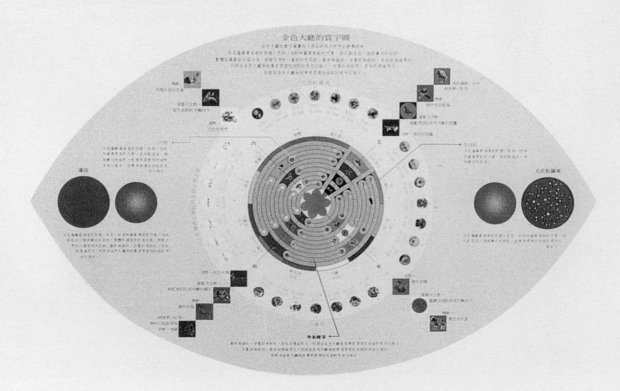

▌宇宙創世廳

　　「宇宙創世廳」，提供具臨場感、高畫質之影片劇場的體驗，內容闡述從大自然的混沌初開，到毀滅的無常循環，啟發參觀者對生命的省思，引導大眾調整心緒，敞開心靈、理智和情感，以全新的方式來看待世界上的宗教傳統和人類的生命，啟發對生命深層意義的省思，以探索人類安身立命的真正歸宿，思考在浩瀚宇宙中，宗教帶給人類生活的意義。

生命之旅廳

　　「生命之旅廳」展示人們從出生、成長、中年、老年、死亡，一直到死後世界的人生縮影，帶領觀眾體驗生老病死以及在這一歷程裡面，宗教信仰是如何帶來生命力量，藉此了解宗教對人們成長的協助及生活、文化的影響，並藉生命科技「基因複製」的觀念，明白「基因複製基因、愛心複製愛心」的生命觀，激勵人們善用生命，廣結善緣，共創美好的生命。上述五區各設有大螢幕，播放各階段的宗教儀式影片，並展示相關器物。

▌生命覺醒區

「生命覺醒區」放映知名宗教領袖、俗世名人及一般觀眾的訪談過程之影片,對其個人親身經歷,使其一生產生轉變的經驗做見證。目的在激發參觀者了解,無論在生命中的任何時刻,隨時都可以激勵自己追求正面積極性的改變。透過不同人士「生命覺醒」的「見證」,希望參觀者也能從中得到啟發,喚起自身生命的內在覺醒。

▌靈修學習區

當參觀者進入「靈修學習區」,可以脫下鞋子,安靜的坐下來,以放鬆的坐姿觀看三面環繞的大型螢幕,影片內容介紹各宗教冥想靜坐的方式,希望透過影片暗示出各種冥想靜坐過程之中隱含的深層意義和象徵性,並且營造出空靈、幽靜的冥想氛圍,配合著周圍的平面設計展示看板及展示文稿,希望能激起觀眾對多種不同冥想靜坐活動的學習興趣。

▌華嚴世界

「華嚴世界」是一巨大的立體圓形建築，空間設計特殊，配合特製的影音設備，展現獨具的聲光魅力。每次可容納四十位參觀者進入華嚴世界。

觀眾進入「華嚴世界」展區後，可靠坐周圍座椅，仰望圓頂，在融入式的視聽場域中，觀賞一段無文字的動畫影片。播放時透過特殊的魚眼鏡頭，半圓球螢幕的各個角度均清晰可見，並在環場立體音效與旁白說明的搭配下，呈現無方位區別的效果，將球形設計的特殊性發揮極致。

「華嚴世界」是連接著全館展示內容的「交會點」：觀眾從個體生命的內省微觀，通過華嚴世界，再進入大我精神信仰的宗教世界。影片以「一即一切，一切即一」的偉大理念為主軸，傳達出各宗教共同的訊息，期望表達宗教信仰中人類共通的靈性與精神追求。片長十分鐘，畫面表達人類與萬物對於生命的喜悅與自然環境的觀照，延伸至歷史與宗教的精神，最後融入大宇宙，回歸最初的無邪與美善。

▋ 世界宗教展示大廳

　　「世界宗教展示大廳」，是象徵各宗教共存共榮的展示空間，大廳中分別介紹世界十大宗教的教義、歷史、活動儀式、文物法器、宗教建築以及各宗教在台灣的傳教活動等，生動的展現各宗教的文化與生活。另外，還有專門談台灣信仰的「台灣宗教區」。「世界宗教展示大廳」是展示各宗教真善美的窗口，讓有信仰的人可以從這個窗口更肯定自己的信仰；沒有信

仰的人，可以先透過全面性的認知後，再去選擇適合自己的信
仰。而當人們體驗到宗教間共同的本質時，也就能尊重包容其
他宗教的信念與堅持，避免很多無謂的衝突。

　　心道師父曾經指出，愛是各宗教的共通點，也是二十一世
紀人類的希望。史學家湯恩比則說過：「對基督徒而言，自我
犧牲之愛就是耶穌；對大乘佛教徒來說，自我犧牲之愛的榜樣
是菩薩。」將各宗教客觀地尊奉在一起，不僅可以使人們學習
到宗教聖人犧牲奉獻的精神，也能夠藉此培育出「愛與和平」
的種子。

值得一提的是「世界宗教展示大廳」中心位置展示的「虛擬聖境──世界十大宗教建築」，這十大宗教建築的模型，是根據原本建築的等比例縮小版，這些維妙維肖的建築模型本身即是量身訂做的藝術作品，這十座模型尺寸最大者高度及深度達三公尺，外觀與真實宗教建築一般氣勢磅礴，有些模型則彰顯出宗教幽深神秘或清幽絕塵的氛圍；模型內部也仿造真實建築原尺寸比例縮小之內部裝飾、祭壇、塑像等製作出精緻的內在質感。除力求建築模型製作的精確性和美感，為了突破一般靜態陳列式的展示方式，讓觀眾有身歷其境的的臨場感，展示模型還設有迷你攝影機裝置，參觀者經由攝影鏡頭的引導，走進建築物內部，體會建築內部感人的宗教氣氛、攝人的空間感及其優美的藝術設計。

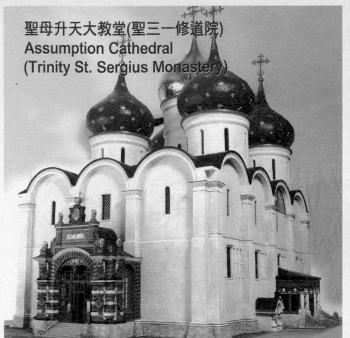

聖母升天大教堂(聖三一修道院)
Assumption Cathedral
(Trinity St. Sergius Monastery)

婆羅浮屠
Borobudur

佛光寺大殿
Buddha's Light Temple

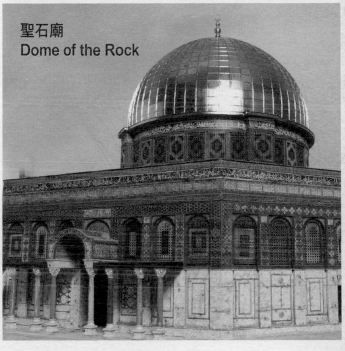

聖石廟
Dome of the Rock

伊勢神宮
Ise Jingu(Ise Grand Shrine)

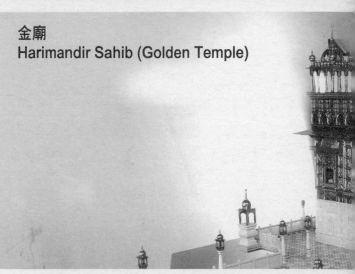

金廟
Harimandir Sahib (Golden Temple)

虛擬聖境

舊新會堂
Altneuschul (Old New Synagogue)

路思義教堂
Luce Chapel

坎德里雅濕婆神廟
Kandariya Mahadev Temple

夏特大教堂
Chartres Cathedral

舊新會堂
Altneuschul (Old New Synagogue)

界宗教建築縮影
he Greatest Sacred Buildings

▎感恩紀念牆

　　在「世界宗教展示大廳」的四個廊道，設有「感恩紀念
牆」，此區的設計是為感謝與紀念曾經對博物館付出的每一個
人；無論是每月捐一百元的會員、捐贈百萬的企業主、給予博
物館寶貴建議的顧問、或是在心中默默支持世界宗教博物館的
人，宗博館皆在此致上最崇高的敬意與謝意。

　　此區也提供電腦軟體讓觀眾查詢捐贈者相關資料和訪談影
片，這代表著「無私之奉獻，磚瓦見真情」。

█ 祝福區

　　為了向即將結束參觀經驗的觀眾，致上宗教領袖的祝福，參觀者可在祝福區觸碰牆上的手印，各大宗教領袖的祝福語隨之顯現，讓參觀者帶著祝福和喜悅結束這趟心靈旅程。並且期望他們在參觀博物館後，對生命與信仰有深切體驗之餘，能學習尊重每一個信仰、包容每一個族群、博愛每一個生命，共同為推展愛與和平的世界努力。

「珠玉之網」的人間呈現

　　法蘭西斯・寇克（Francis H. Cook）在其所著的《華嚴佛學》中，曾經提到「珠玉之網」的概念：「在因陀羅天王的宮殿裡，懸掛著鑲著珠玉之網帳；在每個網與網的交會處都有一顆燦亮絢爛且多重晶面的珠玉。每顆珠子皆映射著從鄰邊的珠玉照射出來的光芒，因此每顆珠子上，皆投射著無窮無盡的亮光。因陀羅的珠玉之網象徵著宇宙間無邊無際的複雜性，在宇宙間，每顆珠玉之本體，於是交融於網帳內，珠玉與珠玉、重重無數的投射反射之間。珠玉之網暗喻著宇宙間的融合與相互牽動的根本關係，現實世界的任一層面也都反射於其它的事物之中。」

　　這一段話正足以作為宗博館從理念實踐到館設呈現的註腳，宗博館就像《華嚴經》中所提到的「珠玉之網」，自省、反射世間無窮無盡的事物，同時也包容了所有的事物。用這個概念來看待宗博館的一切作為，真是貼切不過的比擬。

宗博館的功能與貢獻

宗博館作為一個實踐「尊重、包容、博愛」和「愛與和平」的平台存在，除了建築物在硬體部分所彰顯出來的美學意義外，通過硬體部分所呈現出來的軟體功能，才是宗博館存在真正的價值與意義。

宗博館自開館以來，在舉辦宗教文物展覽和推動生命教育方面的努力不遺餘力，是一般大眾有目共睹的。

推廣宗教藝術文化與舉辦各種展覽

宗博館本身是一座融合藝術、人文與歷史等多元文化的高科技現代博物館，二千多坪的展示空間本身即是一座深具特色的藝術品。透過世界經典宗教建築模型以及現代建築空間造型之和諧結合，加上世界宗教典藏文物精心設計的展示，搭配多媒體互動的展示方式，將古老而歷久彌新的宗教藝術展現在世人面前，創造出一個情境式體驗的場域。來到宗博館參觀的大眾在此立體情境的空間與藝術對話，進一步體會到這份藝術背後的宗教情操、人文關懷。而且，無論長期展示或特展，都彰顯出藝術、科技、人文、宗教等等之內在精神和外部表象的和諧融合。

展覽活動的舉辦

在展覽活動方面，宗博館每年都會舉辦多次展覽，藉此來作為世界宗教相互溝通、交流的平台，同時也喚起對台灣在地文化的省思與重視。我們將這些展覽中比較重要者依據年份介紹於下：

▌2002年

　　2002年7月，宗博館內辦理開館以來的第一檔
特展，這是與哲蚌洛斯林寺共同舉辦的文物展
覽，將中國歷代達賴修行的珍貴文物與哲蚌洛
斯林寺的珍品，在美國及加拿大十六座大城
市巡迴展覽。闡釋了慈悲與智慧的形象與
內涵，深獲當地各界好評。最後一站設於
亞洲，在台灣展出，與國人分享西藏宗
教與藝術。

2003年

3月，在伊斯蘭世界成為全球矚目焦點之際，辦理「認識伊斯蘭——伊斯蘭書法教育展」。

7月，被視為是體現宗博館華嚴意境象徵的「華嚴世界」，與被喻為「宗教小人國」的「虛擬聖境——世界宗教建築縮影」，同步對外開放，以其獨特的藝術創意及豐富的內涵，深獲國內外觀眾的讚賞。

年底，為與社區更緊密結合，與中和庄研究協會合辦「繁華舊夢中和庄：1626~1958中永和的歷史記憶」，將三百年來本區初始的開墾發展，及至日據、光復初期，以歷史檔案及重要文獻做了全面性的呈現。

▌2004年

2月初，於特展展場內，舉辦「神氣佛現──山西泥菩薩展」，此展分為「工藝交流」、「觀摩學習」和「神氣佛現」三期開放；並向國立傳統藝術中心申請「兩岸泥塑彩繪佛像藝術傳習計畫」，讓學員們分別習得山西石增西匠師及台灣吳榮賜老師的泥塑工法與塑像藝術。

8月，繼社區百年文史展後，將舊時的優美八景：「網溪泛月」、「尖山晚渡」、「福和鐘聲」、「石門灘音」、「璧湖怪石」、「員山遠眺」、「永和暮潮」、

「潭墘甘泉」，邀請了林晉老師繪製了風景畫，讓觀眾了解雙和今昔之美，並辦理了「中和庄八景展」。

11月，與德國社會學教授孔漢思合作「全球倫理特展」中文版首展，並舉辦開展座談會，也希望共同為推動聯合國通過「全球倫理憲章」而努力。

▌ 2005年

　　7月獲文建會地方文化館補助辦理「趨吉避邪——民間文物展」，展區分為空間、人身和歲時三大主題，展出多種驅邪納吉的傳統器物，讓觀眾深入了解台灣辟邪文化的豐富面貌與傳統藝術的獨特美感；該展也規劃了雙和地區的信仰地圖介紹，及「學神仙走路」、「認識八卦」等教育活動。

▌2006年

　　5月，舉辦「爵鼎聰明兒童青銅器教育展」，將五十餘件由收藏家處借得，自古代即視為國之重器、被稱作「綠黃金」的青銅器，以兒童教育展的方式來呈現，是全世界沒有人做過的事，也代表宗博館在「展覽」之餘，也重視「教育」的意義。

11月舉辦「雙和地方文
史展──雙和人」，本區在
過去數百年來先民的歷史發
展痕跡，通過一張張泛黃照
片背後的歷史與故事，在此
展中一一再現。

12月推出「二十世紀現代宗教建築縮影──廊香教堂」模
型展，國際建築大師柯比意（Le Corbusier）認為，「這是一個
教徒與上帝對話的地方」、「是思想高度集中的、沉思的容
器」。此展覽可使國內大眾的建築美學賞析能力獲得投注之
處，並認識一代建築大師表達其內在心靈層次的作品。

▍2007年

2月，為迎接金豬年的到來，舉辦應景的「財神到」特展，將道教、台灣民間信仰、藏傳佛教、神道教及印度教等東方宗教的財神典故、祭祀、

神祇的特殊性，搭配財神卡的製作與祈福，把財神吉祥圓滿的象徵，介紹給觀眾，並藉此分享年節的喜氣。

8月推出「二十世紀現代宗教建築縮影——唯一教派教堂」。介紹美國建築大師萊特（Frank Lloyd Wright）的「有機建築」、「草原風格」理念。身為建築師，本身也非常喜愛萊特作品的漢寶德館長形容：「他的作品不在外型好不好看，重要的是這建築有沒有生命，能不能和居住者的心靈契合。」這座教堂遠看像一艘大船，船首揚入天際；也像禱告合十的雙手，虔誠直達天聽。匠心獨具的作品，如同大師另一知名的古根漢美術館建築，吸引許多讚賞的目光。

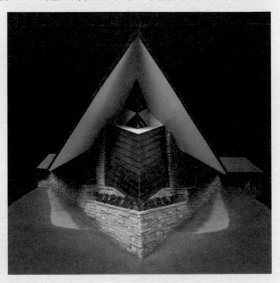

　　10月，推出國內首度使用科學式的美術展──「聖誕圖：一幅畫的故事」特展，將館藏巴洛克時期西班牙宮廷畫家路卡‧喬丹繪製的「牧羊人朝拜聖嬰」畫作，透過聖經繪畫題材的介紹、進入一幅畫的世界、觀賞精心製作的2D動畫、十一幅相同主題卻有不同藝術風格表現的宗教藝廊，與互動多媒體導覽系統的安排，讓觀眾真正「看懂」一幅畫，知道這幅畫傳達了永恆與救贖的生命意義以及不同時期的基督宗教藝術。此嘗試性的展覽大受觀眾喜愛，也為台灣的美術展覽開闢一條新路。

2008年

　　從6月25日到9月30日間，宗博館推出「寫藝人間－漢寶德書法展」，本次展覽預計將展出七十多幅書法作品，依據書法作品的內容與特色，並搭配漢先生對於書法藝術獨特的見解，將所有作品分為筆墨、寫意、構圖、述志、心經道德經五大主題呈現。其間參觀人潮不斷，獲得很大的評價。

　　通過以上的介紹，我們可以發現，宗博館辦理的中小型特
展中，有展覽型態為開國內風氣之先者、有與社區脈動密切結
合者、也有為未來巡迴展覽鋪路者。這些展覽，無不以觀眾為
中心，希望通過對不同的宗教藝術及文化社群的介紹，讓民眾
可以體驗到不同宗教的藝術和文化之美，同時也體悟到人和宗
教、人和自己生存的社區之間密不可分的關係。

推動全民生命教育

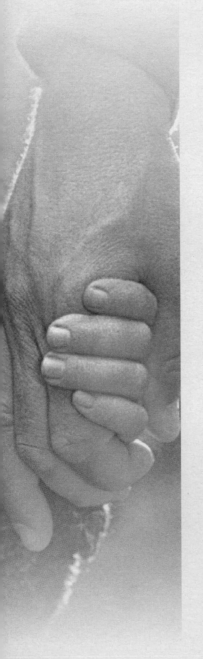

生命是甚麼？我們活著是為了什麼？生命的意義到底在哪裡？在這個混亂的後現代世界裡，一切「根源性」事物都被拔掉，人們似乎只滿足於表面的快樂，但這並不是生命實相的全部，每個人在內心深處那份追尋生命意義的心懷意念始終存在。一切表面、淺層的東西都不會持久，現代人熱中於追逐感官欲望的即時滿足，但這種一時之快往往轉瞬即逝，而存在於心底的空虛感、失落感卻揮之不去。當人拼命滿足感官欲望之需求時，空虛與失落感似乎不見了，然而，短暫的快樂過去之後，空虛與失落感便隨之而來，然後為了掩蓋、填補這一再出現的生命空洞，於是追求更強烈的感官欲望，拼命縱情欲樂，最終無法自拔而使得整個生命陷落。這解釋了為什麼現代人罹患躁鬱症、憂鬱症等心理疾病比率超高的理由，嚴重的甚至有可能步上自殺之途。心道師父指出，現代人被大樓、電梯、電腦、汽車等等現代文明產物的框框把生命封限住，無法領會生命的真諦，找不到安「心」立命之處，導致心理、精神方面容易產生種種問題。

我們政府的教育單位也發現相關問題，所以近年來各級學校皆開始推動生命教育的課程，讓小孩和青少年及早學習生命意義這一門功課。然而，光是課本的照本宣科式的教導恐怕效果有限，要知道，生命是活的，像水波一樣流動不息，課本的刻板教導難以讓學子們領會具體生命的真實情況。況且，當青少年離開學校後，或者早已離開學校的成年人，他們的生命同樣會出現種種狀況。所以，不分男女老幼，都需要生命教育。

宗博館的生命教育理念

心道法師曾期許大眾：「生命服務生命‧生命奉獻生命」，而漢館長也明確的把宗博館的教育目標訂定為生命教育，並以宗博館原初的「生命之旅廳」為基礎概念，為生命教育作了如下的註解：認識生命、尊重生命、珍惜生命、喜歡生命、超越生命。宗博館其後所開展出來的生命教育活動或教材編纂，也都是依循著這個脈絡而行。

在這一脈絡之下，世界宗教博物館透過世界各大宗教內涵展示，其中包括各宗教對生命各階段的禮儀風俗的介紹，以及各宗教信仰對生命意義內涵的詮釋，加上宗博館的設計和展示方式是務求讓參觀者能有具體參與其中的真實感受，以體會各階段的生命意義，甚至最後能體會生命的終極關懷和意義。所以，任何年紀、性別，以至於不同文化背景的人士來到宗博館參觀，透過博物館具體的情境教育，都可以在不同程度上領受到生命意義於心靈中的洗滌作用，而這也就是生命教育最核心的部分。

生命教育三部曲

宗博館自開館以來，便不斷的推動生命教育，在這方面也擁有許多足以自豪的成就。像是針對學校師生所完成的「生命教育三部曲」，就是相當值得肯定的。

三部曲的第一步，就是把博物館教育與學校教育接軌，讓全館的導覽介紹均以生命教育為主軸。並且以校為單位，於2003年開始推動「365天生命教育護照：校園護育計畫」，至今已有近五萬名學生受惠。同時合併推行「生命教育」教學資源研習，邀請老師們免費來館研習，互作交流學習之基石。至今已有近千名教師參與，了解生命教育及激發教學創意。

第二步則是研發博物館自己的特色教材，像是「生命魔法盒」學習單、《生命的花園——世界宗教博物館展示及生命教育與中小學教材對照表》等出版品，讓大眾一目了然宗博館的生命教育資源特點。

第三步則為建立學術顧問指導團，並集合有志於推廣生命教育的教師夥伴們，建立聯絡網路，彼此合作，充分運用本館生命教育資源，真正落實於每位學子。2003年並且成立「生命領航員聯誼會」以推動生命教育與美育為核心願景，結合學界與各領域專業人士，陪伴教師及學生的成長與生命引導。所舉辦的成長活動，如「點亮生命之光：讓愛起飛」與「愛的奇幻之旅」，也都與社區資源交流，獲得了「台北縣教育改革協會」的活動贊助。現今已有四百多名包括港澳美的學者與教師熱心加入推動，並已帶領四萬餘人次學生入館體驗生命情境的內涵。

書籍的編纂

　　宗博館也致力於出版生命教育方面的書籍。例如由宗博館負責企畫召集及申請贊助，國立台北護理學院生死教育與輔導研究所吳庶深助理教授協助編纂，文建會地方文化館計畫提供經費補助，全國第一套最完整的生命教育啟蒙叢書《生命的五個階段——生命教育教學資源手冊——以世界宗教博物館生命之旅廳為例》與小小真愛生命教育繪本系列《親親我的寶貝》、《小不點兒快長大》、《娜妲的婚禮》、《酋長老鷹爺爺的生日》及《再見了！我的好朋友》，從生命的禮讚及多元宗教的禮儀，介紹人類出生、成長、壯年、老年和死亡／死後的世界五個階段，於2004年1月正式出版。其中，前兩本繪本獲行政院新聞局推薦為中小學生優良課外讀物，行政院文化建設委員會前主委陳郁秀並購買五百套轉贈全國公立圖書館珍藏。

研究與教案

　　除了書籍之外，也委請專家學者進行生命教育研究案與教材的實地考察和撰寫。2005年，國立台北護理學院生死教育與輔導研究所曾煥棠教授主持的「讓愛起飛——青少年生命教育研

究」；2006年初，由教育部補助，國立台北教育大學生命教育與健康促進研究所黃雅文所長主持，根據世界宗教博物館生命教育內涵研究編纂的《生命的五個階段──國小生命教育教案》，共涵蓋了三十個教案，分別適用於幼稚園及國小一至六年級的生命教育體驗教學，如今都廣為各學年教師所使用。

生命教育專輯

為了更進一步貫徹社會生命教育的宗旨，結合學術及實務，由「生命領航員聯誼會」編輯委員會所編輯的生命教育專輯創刊號《台灣生命教育的省思》，也於2006年底出版。並於2007年8月出版第二期《編織自殺防護網》，呼籲重視台灣日漸嚴重的高自殺率問題，提出自殺年齡層有年輕化及年老化的現象，應對此兩大危險群給予更多的關懷；回歸個人、家庭、社區、學校、社福、醫學、宗教等做層層連結防護網；更以罕見疾病病友們奮勇求生的例證，鼓勵每個人熱愛生命，成為生命的鬥士，「台灣失落關懷與諮商協會」因深切認同這樣的理念而贊助出版印刷。2008年4月出版第三期《活出品格專輯》，也因為切合社會

的脈動，而獲得「社團法人中華民國永傳道德教育會」與「講
義永和讀書會」兩個社團的贊助印刷。

趣味的活動

　　除了學術活動以外，宗博館也
有一些充滿趣味的生命教育活動，
例如偶戲表演即是一例。2005年8
月，首先與國立中央圖書館台灣分
館進行「咪咪老師說故事」，將五
本兒童生命教育繪本以及戲偶帶到館外，去說故事與演出。之
後，學校預約演出不斷，也為學校服務增加了動感與趣味性的
推廣。

兒童生命教育館——愛的奇幻獸

　　宗博館在兒童生命教育方面的貢獻，在館區方面有一個相
當值得一提的部分，即特別針對兒童生命教育所設立的「兒童
生命教育館」。這個館是靈鷲山榮譽董事會總召集人陳進財先
生大力推動下的產物，陳總召除了率先捐入第一筆善款，並大

由於這個館希望能以寫實的生態造景，讓孩子們在感官互動與情意認知的過程中，逐步體驗抽象的「愛」的意涵。設計的眾人創造了一個考據自動物界的「四不像──愛的奇幻獸」：長長的耳朵像兔子，象徵愛需要聆聽；像軍艦鳥鼓動的胸囊，象徵熱情的愛；全身柔軟的毛皮，象徵溫暖；背後的翅膀，象徵如天使般真善美；尾巴像螢火蟲發光，象徵光明指引。並創造了春、夏、秋、冬四季場景，鋪陳了奇幻獸的生命歷程：出生、成長、交友、擇偶、孕育、家庭、社群等。讓孩子們在森林裡尋找奇幻獸的過程中，探索它身上各個關於愛的特徵，在它的生命過程中，看到愛的行為，以瞭解愛的真諦。

為了讓小朋友有舒適與自由的遊戲空間，該展區還造了一隻巨型的奇幻獸爺爺，小朋友可以在它身上盡情玩耍或躲進它的大肚囊裡。此外還有小型舞台區及愛的百寶箱，可以讓大家自由想像與表現。這座國內第一座為兒童生命教育專設的展區「愛的森林──尋找奇幻獸」，代表了宗博館對兒童生命教育的用心。

為天使們服務

在博物館多年的教育推廣中，最特別的經驗，就是服務資源班、特教班、啟智班的天使們。

在「愛的森林──尋找奇幻獸」開展後，國小特教班的學童經教師的安排，陸續到這個體驗區參觀。這些孩童透過情境式森林探險空間的設計營造，以及導覽人員放慢腳步耐心的帶領，在體驗之旅中，孩子有許多學習機會，包含多重感官的刺激體驗、參與有趣好玩的手眼協調遊戲、奇幻獸爺爺驚奇、歡

樂、溫馨氣氛的營造、對愛與被愛的溫馨感受、學習與社會人士的良好互動、遵守公共場所禮儀與秩序等。尤其「對愛與被愛的溫馨體驗」，唯有在世界宗教博物館可以深刻體驗到。老師們從孩子們的熱烈反應與主動參與中，發現這非常適合特殊教育學生的能力，並能滿足其學習需求。這對宗博館而言也相當有意義，宗博館相當樂於對此特殊族群能有所奉獻。

因此，在2006年下半年開辦了「小天使專案」，當年度即免費接待了一百廿十班，約二千七百多名資源班的小天使們來館參觀；在2007年服務了六十六個班，一千二百多名小天使們，並將服務的年齡層，由國小擴及至國中。2008年至今，此專案仍在持續推動中。

這個特別的專案，讓館員們也從中學習了許多。我們除了學習特殊教育的基礎知識及增加帶領孩子的經驗外，最重要的，是學會更開放自己，讓我們知道幫助這群孩子們學習，是有方法的，而且是良性互動的。從他們閃亮的眼神，逐漸放開僵硬的肢體，甚或童心未泯的大叫，我們看到了生命的能量，更能珍惜生命的恩典。

作為宗教交流的平台

宗博館的誕生幾乎以宗教交流為其主要的緣起。因此，從籌備到建館、落成，乃至其後的種種展覽與活動，都是以宗教交流作為主要的思考點，並且是與心道師父和教團的國際發展緊密結合在一起的。它具體的展覽已經如前所述。至於活動的部份，我們在後面的篇幅還會詳加敘述。

未來展望

繼漢寶德館長在陪伴宗博館走過六年多的努力而功成身退後，宗博館於2008年9月22日開始，由籌備時期就陪著博物館一路走來、勞心勞力的江韶瑩老師接任館長。江老師為宗博館奉獻了數十年的光陰，對宗博館的一切發展從籌備到建館的歷史都瞭若指掌，對各種文物展品更是如數家珍。相信未來在江館長的領導下，世界宗教博物館必然能持續推廣心道師父「愛與和平」的理念，通過宗教交流與生命教育的實踐，為地球的「愛與和平」發展開出璀璨的未來。

我們知道，任何志業的推動與實踐，都不是一個人靠自己的力量就能夠成就的，是必須結合大眾的力量，匯集成一股強大的能量，才能有所成就，而這個成就當然也是屬於所有參與和付出的大眾。宗博館正是在這樣的思考基礎上，發展成為一

個凝聚十方善緣力量的平台，讓眾緣和合的力量通過宗博館的
匯聚與發散，向全球宣揚「愛與和平」的理念，這股力量匯聚
後所產生的成就，不僅是心道師父的，也是屬於所有支持與幫
助心道師父落實「愛與和平」理念的大眾。

　　對於宗博館未來的期許，我們或許可以用宗博館執行長了
意法師的一段話來作總結：近十幾年來的跨宗教交流與對話活
動中，無論是各宗教對宗博館文物的捐贈及理念的支持，或對
人類共同災難的救援，宗博館都扮演了平台的角色，讓各宗教
透過宗博館可以一起共同為人類生命救贖與奉獻。宗博館是以
「愛與和平」的理念為起點來聚集更多的善緣及能量，作為串
連世界宗教進行交流與對話的基礎，未來也將持續不懈，繼續
為打造一個充滿「愛與和平」的地球家而努力。

愛與和平地球家篇

或許人類尚未了解到：地球，是我們共同的家。事實上，宗教的「大愛」是可以合作的，宗教人，本身就是愛與和平最重要的扮演者。若宗教人士之間有了戰爭與爭執，那麼整個人類將會更加痛苦。

——心道法師

宏大的悲願
—— 「愛與和平地球家」的緣起

聖者的足跡
—— 成果豐碩的國際交流歲月

聖者的行願
—— 「愛與和平地球家」的志業與貢獻

未來展望

宏大的悲願
——愛與和平地球家的緣起

如果說，宗教博物館的出現，是象徵靈鷲山佛教教團的宗教交流理念走向國際化的序曲；那麼，「愛與和平地球家」（Global Family for Love & Peace，簡稱GFLP）的出現，則代表著此一志業的具體實踐與國際化呈現。

世界宗教博物館的落成，雖然可謂是一大宗教志業的成就，但是對心心念念於世界和平的心道師父而言，在意的並不是一個志業完成背後的讚美或光環，而是如何通過這個志業的落成作為一個中介平台，將自己「愛與和平」的理念散播到每一個需要的地方。也因此，世界宗教博物館的出現，是心道師父愛與和平志業理想落實的第一階段，而心道師父透過這一份實踐所匯聚出來的能量，所開展的「愛與和平地球家」，則是心道師父理念的全球化落實；兩者的關係是密不可分的。

愛與和平地球家的前身：「宗教共榮委員會」

在宗博館順利開館後，心道師父於2002年初，即擬成立一個名為「宗教共榮委員會」的國際性組織，作為宗博館志業的延伸。心道師父希望各個宗教拋棄本位立場、摒除歷史恩怨、超越教派藩籬，本著「愛與和平」的理念，一起為所有人類謀求福利。對此，「全球宗教共榮委員會」最初的想法包括：

一、連結世界各地之宗教、政商、文化、藝術界人士，共同推動「尊重每一個信仰、包容每一個族群、博愛每一個生命」的理念。創造宗教間之和諧，達到共存、共榮，以促進地球家之和平與繁榮。

二、共同擬定可協助解決世界宗教衝突之具體計劃。

三、共同推動宗教聖蹟之維護行動。

四、支持世界宗教博物館，推動其理念在世界各地發展，協助檢視各宗教之展示說明令其更加完善，並協助珍貴文物的收集。

計畫中也條列了八項具體目標：一、各委員在該國或本身的宗教、團體內，推動宗教交流與對談，宣揚宗博理念。二、每年輪流到各委員國開會，促進宗教的互動與相互學習。三、安排小型的宗教文物展覽。四、擬定具體可行的和平專案計劃，透過當地的委員，動員在地力量，或配合著委員會的國際支援，共同完成計劃；例如，維護某個地區的宗教聖蹟、遺址。五、委員們之間彼此通知其本身宗教、團體的計劃，相互邀約。六、協助任何一個想成立宗博館分館的國家或委員。七、世界宗教博物館提供經驗與諮詢協助，排解可能之宗教糾紛。八、委員會每年發表一次會務報告，並表揚各地委員的活動成果。

「愛與和平地球家」的誕生

　　然而，為了更進一步的強調心道師父「愛與和平」的理念，強調愛與和平的跨宗教、跨文化屬性，於2002年6月，宗博館執行長了意法師在徵得心道師父同意之後，於美國紐約登記成立一個國際非營利組織，不是以「全球宗教共榮委員會」為名，而是直接命名為「愛與和平地球家」，並且於2005年正式成為聯合國非政府組織（簡稱NGO）之一。

　　「愛與和平地球家」這個名稱的緣起，可以說來自心道師父的一段話：如果能夠覺知到自我與他者，在靈性上都是生命共同體，就能積極主動的推動靈性道德，讓純善的天使與慈悲救苦的觀音充滿全球的社會，讓我們共同擁有一個「愛與和平地球家」。

　　做為一個非政府、非營利的國際事業組織，「愛與和平地球家」體現了心道師父的一貫理念：尊重、包容、博愛，致力於推動人類身心靈的發展，結合宗教、企業、政府及學術界人士，帶領著年青人，一同致力於社會服務及和平工作。希望結合其他宗教社群，以宗教慈悲大愛的人道精神，推動全球倫理

原則；透過對於非暴力的文化與尊敬生命的承諾、對於團結的
文化與公正經濟秩序的承諾、對於寬容的文化與真實生活的承
諾，及對於平等權利文化與男女之間的夥伴關係的承諾，建立
一個祥和的地球。

　　「愛與和平地球家」以「愛地球」作為合作的共識，以
「世界和平」作為終極努力方向。心道師父希望通過「愛與和
平地球家」的種種作為，來達到他所企盼的充滿愛與和平的世
界。

　　其實，早在世界宗教博物館成立之前，心道師父與靈鷲山
佛教教團就已經為了宗博館的籌建事宜，風塵僕僕的走訪世界
各地，與世界各宗教進行參訪對話，在這個過程中開啟了國際
宗教交流的先河。由於這些交流經驗，心道師父和教團累積了
相當豐厚的國際宗教交流經驗。每一次經驗都是開展志業格
局、拓寬國際視野的寶貴資產，它們不僅被表現在宗博館的籌
建、開館與經營上，也成為後來「愛與和平地球家」順利開展
其志業的重要基石。

聖者的足跡
──成果豐碩的國際交流歲月

「**風**」之積也不厚，則其負大翼也無力。」摶扶搖而直上九萬里的大鵬，在展翅高飛之前，必定蓄積了相當多的能量。為了籌建宗教博物館，為了海外弘法的需要，為了國際志業的發展，為了世界和平的宏願，心道師父花了相當多的時間，也做了相當多的準備。這些時間和準備，都是心道師父與靈鷲山佛教教團與國際接軌、與世界各大宗教進行交流的重要因緣，最後形成沛然莫之能禦的巨大能量。

國際宗教交流的首站：歐洲

時間要從1990年5月講起。心道師父海外之旅的第一站是歐洲。為了拓建道場並籌設宗博館，他率領著僧俗二眾弟子，千里迢迢地越渡重洋，到西歐幾個重點國家及歷史都市，展開為期廿八天的實地考察。從人文思想、宗教文物、建築藝術到公園景觀、民俗風情等等，內容豐富，包羅萬象。這群來自東方國度的佛教僧侶，從此視野隨之大開，也對西方文明留下了深刻的第一印象。

參訪中國、日本與韓國

在完成了首度的考察並累積一些基礎認知後，1991年10月「靈鷲山世界宗教博物館資訊籌備處」成立，這是為了籌建宗教博物館必須進行海外參訪所成立的一個考察團。與此同步，心道師父開始積極規劃出宗教參訪的行程驛站，包括國內教界及海外各地。在這段期間，心道師父參訪過中國大陸東北以及日本、南韓等地各類型的博物館和寺院，也邀請到國內各大宗教領袖及社會賢達，出席籌備處成立大會。待一切準備就緒，教團於1993年8月正式舉辦「世界宗教博物館籌備處成立大會」，向社會大眾說明宗教博物館的創館宗旨、經營理念以及運作方針。會中並接櫫宗教博物館的建館精神在於：尊重每一個信

仰、包容每一個族群、博愛每一個生命。這是國內宗教界的一場誌慶盛事，心道師父的宏偉志業與高遠理想，遂在三千多名與會者的熱烈掌聲之下，獲得了廣大迴響及支持，宗教博物館的理念於焉確立。

北非之行與演說

1994年在靈鷲山教團的國際宗教交流史上是一個重大的里程碑。年初，「財團法人世界宗教博物館發展基金會」正式立案，籌備處的運作告一段落，國際交流及宗教對話的事務，轉由組織嚴謹、權責分明的基金會來負責，基金會的成立，象徵著博物館的建設進入了組織化的操作程序。年中，心道師父應法國跨文化基金會之邀，在天主教耕莘文教院馬天賜神父的陪同之下，前往北非突尼西亞，參加一場名為「宇宙間不可知的神性」國際宗教學術會議。這是心道師父開山設教、布道弘法並與各界進行交流以來，所參加的第一場國際性會議，具有歷史指標性的重要意義。在會中，他發表了一段關於「佛教的神聖性」之演說，與西方人士分享他的斷食苦修經驗，聽眾興味十足，反應熱烈，會議流程也因此而延長了四十分鐘之久。

來自俄羅斯的友誼

1995年，心道師父一行人帶著赤誠而謙卑的學習心，前後奔走了歐亞、北美兩塊大陸。8月，在國內外顧問群的策劃下，心道師父率領基金會執事人員遠赴俄羅斯，進行一趟「宗教與博物館訪察計畫」。期間，拜會了宗教局官員，並對俄國

三大宗教——東正教、薩滿教和藏傳佛教，有了深入瞭解。正因為這些拜訪，年底宗博館舉行動土大典時，便有俄羅斯布里亞特歷史博物館館長揚巴洛瓦先生（Mr. Jambalova）及俄羅斯佛教總代表Kamb Lama Ayusheev等七位貴賓參加，彼此相見甚歡，印證了「學而時習之」與「有朋自遠方來」的雙重快樂。

同年9月，心道師父亦率團赴美加地區考察。行程中，參訪了北美六大城市的各類知名博物館，包括文明博物館（Canadian Museum of Civilization）、寬容博物館（Museum of Tolerance）、猶太浩劫紀念博物館（The United States Holocaust Memorial Museum）等等，對於西方宗教的歷史發展、互動糾葛以及興衰消長，頗有心得領略。

中東聖地之旅

　　1996年5月，靈鷲山教團的中東聖地之旅，又為國際宗教交流，寫下嶄新的一頁。在土耳其來台留學生杜安（Dotgan）的牽線下，心道師父率領宗教聖地訪問團，前往位在地中海東岸的伊斯蘭國度：土耳其，並專程拜會一個名為撒曼（Zaman）的穆思林團體機構。透過撒曼的安排，心道

師父接受了當地電視台的專訪，又在一間撒曼所屬的女子中學裡發表演說。雖然這個伊斯蘭國家的人民大多從未接觸過佛教，不過，心道師父一番妙語如珠，將嚴肅的宗教戒律予以靈活闡釋，直讓台下的土耳其學生聽得津津有味，頓獲啟發：原來兩大宗教的持戒精神，是如此的類似……。自此，雙方友誼日增，成為志同道合的盟友，長期合作於宗教交流事務的推動。

在以色列亞伯拉罕宗教的默禱與巴哈伊教的參訪

接著，在基督教牧師的導遊下，心道師父一行人前往以色列地區亞伯拉罕宗教（猶太教、基督教、伊斯蘭教）的發跡

處。在猶太教的哭牆前默禱，於伊斯蘭教的岩石聖殿外沉思，之後，心道師父們搭上古船，橫渡基督傳道的加利利海，親身朝禮耶穌被釘上十字架的十四站苦路。在苦路上，心道師父虔誠地祈求：人類早日脫離苦難，世界早日獲得和平……。此外，在以色列，心道師父還參訪了巴哈伊教（Baha'i）教務機構，該機構提倡「世界大同」精神，對西方世界影響甚大，但卻在東方地區罕為人知。

「聖地計畫活動」與「跨宗教對話」會議的主辦

　　隔年1997年4月，心道師父應英國國教坎特伯里大主教
（Archbishop of Canterbury）喬治‧卡倫博士（Dr. George L.
Carey）之邀，參加「聖地計劃活動」（The Sacred Land
Project）。9月，土耳其「薩滿」（Samanyolu）電視台到靈鷲
山採訪，和世界宗教博物館合辦「宗教對人類與社會之影響」
座談會，邀請天主教、基督宗教、道教、摩門教、天帝教等代
表，包括當時台北市市長馬英九先生，一起共同研討，將宗教
交流對話的和平信念，傳播至中東、中亞、北非、歐洲等地
區。這是靈鷲山第一次主辦以和平教育為主題的跨宗教會議。
希望帶動交流、對話、以及共存共榮的精神，讓各種宗教能夠
相互對話，彼此合作，從共同追求的終極關懷出發，提供人道
關懷的精神與終極價值的依歸，引領人類社會朝向至善至美的
未來發展。

來自日本、韓國與梵諦岡的祝福

1998年，受韓國、日本宗教各界及研究機構的邀請，心道師父率眾前往韓、日參訪並發表演講。同年9月，天主教台北總教區副主教王榮和神父帶來了梵諦岡教廷天主教教宗若望保祿二世的

祝福，教宗頒贈「教宗祝福狀」，對心道師父籌建世界宗教博物館的理念，予以表示支持。

印度宗教交流的善舉

1999年，心道師父展開印度參訪交流之行。此行拜訪了印度教、錫克教等宗教大師。錫克教有感於宗博館將其列為十大

宗教之一，承諾將全力支持宗博館的發展。不料，博物館即將開館之際，有位錫克教徒來館，反對宗博館將該教的上師聖典擺放於櫥櫃內作為展示品。基於尊重信仰，宗博館將聖典送給了錫克教香港中心。這個善舉，贏得了錫克教的尊敬與友誼，聖地金廟管理人不但送給宗博館金廟畫像和某位國王使用過的古董彎刀，更將一把據說是為上師彈奏過的珍貴古琴贈給宗博館藏。錫克教展區內，空無一物的神龕，正訴說著這段宗教友誼的故事。

第三屆「世界宗教會議」的演說

在心道師父不斷參與的國際
會議中,最重要的,當屬1999年
12月在南非開普敦由「世界宗教
議會理事會」(Council for a
Parliament of the World's
Religions,簡稱CPWR)所舉辦的
第三屆「世界宗教會議」。CPWR
是全球最大的推動宗教和平的民
間機構,早在1893年就在芝加哥
召開第一次大會,後因第二次世
界大戰而停辦。一百年後,即
1993年,CPWR又再度在芝加哥召
開世界宗教理事會會議第二次大
會。

在第三次大會上,東西方宗教首次在正式舞台上會面,心
道師父了發表兩場精闢演說:「千禧年的心靈挑戰——世界宗
教博物館的回應」及「二十一世紀的佛教」,其中「二十一世
紀的佛教」得到很大的迴響與肯定,與達賴喇嘛與南非前總統
曼達拉,被當地媒體並列為該會議三大重要演講。心道師父又
在大會上提出世界宗教博物館的理念,並以此作為全人類新世
紀的獻禮,受到與會宗教領袖與學者們的一致肯定。會後,一
位美國教授如此感嘆道:「當我們的計畫都還在孕育中,心道
師父卻早已身體力行這麼多年。」

「千禧年宗教及精神領袖世界和平高峰會議」

　　2000年，心道師父應邀參加在聯合國舉行的「千禧年宗教及精神領袖世界和平高峰會議」（Millennium World Peace Summit of Religious and Spiritual Leaders），並發表公開演講：「如何轉化衝突」。針對衝突轉化、寬恕和解、消弭貧窮、地球環保等四大議題，發表簡要演說，並對世界和平的未來願景予以祈禧。此次會議是全球各大宗教領袖首次在聯合國齊聚一堂，因此具有相當重要的指標意義。會後，心道師父接受「美國之音」採訪時，表示：「宗教主要在推動人類共同的和平與福祉，對於快速發展的現代資訊社會，學習『尊重每一個信仰、包容每一個種族、博愛每一個生命』，這將是未來地球家每一份子都必須具有的共識。」

在高峰會議後，心道師父直接飛往中南美洲，應邀陪同呂秀蓮副總統進行友好訪問之旅，與各國的天主教領袖舉行會談，就宗教交流交換意見，並宣揚世界宗教博物館的創建理念。即便在這些重要的國際場合，心道法師所到之處，總是見著他以不甚流利的英文，說著「Happy, Lucky！」，謙卑地、誠懇地握著每個人的手，熱情的打招呼。很多國際的宗教領袖與學者們，就是被他的熱誠、被他全身全心所表現的謙遜與仁愛、誠懇與尊重所感動，而結為好友、夥伴。

金佛駕臨

在此同時，宗博館收到的聖物繼續增加。2000年，泰國佛教地位最高僧皇智護尊者（H. H. Somdet Phra Nyanasamvara）致贈一尊金佛予世界宗教博物館，肯定心道師父籌建「世界宗教博物館」的努力，同時也開啟了靈鷲山與泰國僧皇寺日後的密切交流與金佛園區的籌建。

伊斯蘭的禮物

沙烏地阿拉伯的「世界回教聯盟」（Muslim World League，簡稱回盟）秘書長歐貝德博士（Dr. Abdullah bin Saleh Al-Obaid），於1999年南非開普敦會議上，聽到台灣將出現一座展示各種宗教文物的博物館，便決定專程來台參觀。2000年，秘書長來訪時，由於博物館尚未完工，只能看到模型。但他回去不久後，又派遣其辦公室主任蘭馬都拉先生（Mr. Ramadulla）來台，希望了解館藏的回教文物，在在顯示回盟對世界宗教博物館的重視。於是，回盟於2001年春，透過阿拉伯辦事處送來了數大箱禮物，總共二十餘件文物，其中包括聖地麥加的「天房罩幕」，這件以金線鑲繡古蘭經的聖物，一般只送給對伊斯蘭有貢獻的穆斯林或機構，這是第一次送給非伊斯蘭教的機構，而且尺寸之大，世所罕見，足見穆斯林對其宗教如何完美呈現於世人面前有著高度期許。宗博館也禮尚往來，馬上舉辦一場新春感恩茶會，感謝回盟的支持。

一份殊榮

2001年4月，世界和平高峰會（World Peace Summit）祕書長巴瓦‧金（Bawa Jain）來台敦聘心道師父擔任在聯合國舉行的「千禧年宗教暨精神領袖世界和平高峰會」委員會諮詢委員。這份殊榮代表心道師父與世界宗教博物館致力「宗教對話」並謀求「愛與和平世界」的精神與努力，獲得國際宗教組織的肯定與支持。

巴爾幹半島的感動

受到1997年英國聖地計畫及2000年千禧年和平高峰會討論的啟發，為了解宗教聖地遭受的破壞，心道師父在世界和平高峰會秘書長巴瓦‧金（Bawa Jain）及美國友人丁娜‧瑪莉安（Dena Merriam）的陪同下，於2001年7月拜訪戰火肆虐的巴爾幹半島。當宗博館一行人，來到長年遭受宗教衝突浩劫的波士尼亞，當地的人們從來沒有見過東方法師，更為心道師父「愛與和平」的理念而感動。他們告訴訪問團：「你們推動宗教互相溝通了解，無論目的是否達成，都沒有關係。光是你們來到這裡，意義已經十分重大。」

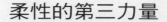

柔性的第三力量

2001年9月，美國發生911恐怖攻擊事件，再加上當年3月阿富汗巴米揚大佛（Bamiyan）遭塔利班政權（Taliban）摧毀，在這一連串文明與宗教衝突的陰影下，心道師父決意發起一系列的全球回佛對話行動，以推展宗教交流，促進世界和平。心道師父曾對一位紐約時報的記者表示：「這世界需要柔性的第三力量，來平衡回教與基督教兩股勢力，這第三力量最適合的就是倡導空性的佛教，因為佛教的平等與包容是可以成為和諧對話的橋樑，只有相互的交流、溝通，才能成為朋友，也才能彼此瞭解。」以柔性的力量，積極打破種族、國家、宗教、語言的隔閡，促進人類社群的和諧。世人不應在對伊斯蘭文化加以認識與了解之前，就視之為恐怖與暴力；基督宗教提倡的博愛與包容，也應該是不論信仰與種族的。

宗博館開館的火花

2001年11月9日，全球來自三十多個國家、近兩百位貴賓蒞臨台灣，參加了博物館開館盛會。心道師父近十年的宗教

交流成果，在宗博館開館時，燦然綻放。隨後又舉辦了一場「全球聖蹟保護國際會議」，討論如何保護瀕臨危險的宗教聖蹟。為讓與會者能充分了解宗教聖蹟的現況，宗博館特於開幕前，委任美國某專業學術機構做了一份全球面臨被毀危機之聖蹟的調查報告。

「愛與和平地球家」的首部曲：三場回佛對談

　　2002年一年當中，心道師父連續於紐約、馬來西亞及印尼
舉辦三場「回佛對談」。第一場
在該年3月，由世界宗教博物館與
哥倫比亞大學聯合舉辦，該場會
議的主旨為「找到共識‧共謀和
平」，由巴瓦‧金擔任主持人。

與談者包括佛教與比較宗教學教授大衛‧恰沛爾（David
Chappell）、伊斯蘭對話論壇（International Islamic Conference
of Dialogue）總監阿密‧伊斯蘭（Dr. Amir. Islam）、紐約清真
寺伊斯蘭教長佛修‧蘭弗（Feisal A. Rauf）以及心道師父等
人。

　　第二場時間在5月，地點在馬
來西亞吉隆坡，以「全球化運動
在亞洲」為題，心道師父與馬來
西亞「公義世界國際運動協會

（International Movement For a Just World）」主席千卓拉‧穆
札法（Dr. Chandra Muzaffar）、佛教長老達摩難陀尊者（Ven.
Sri Dhammananda）等人對話，並與現場近二百餘人進行問
答。

　　緊接著7月份，第三場回佛對
談於印尼雅加達舉辦，會議主題
為「靈性全球化」，由德國普世
夥伴協會（World Council of

Church, German）會長伍夫更・史密德（Wolfgang Schmidt）主持。包括伊斯蘭千禧年論壇會長哈比伯・丘寧（M. Habib Chirzin）、美國佛教學者大衛・恰沛爾、泰國著名社會正義與生態環境運動者蘇拉克・西伐洛克紗（Sulak Sivaraksa）以及馬來西亞「公義世界國際運動協會（International Movement For a Just World）」主席千卓拉・穆札法（Chandra Muzaffar）等多位學者專家參與座談。這場回佛對談獲得印尼前總統瓦希德（Abdurrahman Wahid）的大力支持，雅加達媒體亦報導了回佛對談的價值與意義。

這一年的三場「回佛對談」會議，都獲得參與者的迴響與肯定，不但揭開了心道師父「回佛對談」會議的序幕，也使得「回佛對談」成為「愛與和平地球家」往後的重要志業。

參加第五十五屆非政府組織年會

9月時，心道師父率領僧俗弟子赴美國弘法，並以「愛與和平地球家」創辦人的身份，參加聯合國於紐約總部召開的第五十五屆非政府組織年會，會議主題為：「從衝突中重建社會——一個分擔的責任（Rebuilding Societies Emerging from Conflict: A Shared Responsibility）」。

與古儒吉的友誼

與心道師父結識於南非開普敦大會的印度靈修大師古儒吉，（Guruji, Sri Sri Ravi Shankar）在全球一百三十幾個國家擁有兩千萬的信徒。古儒吉大師除了參加宗博館的開幕盛會外，

更於2003年初，邀請心
道師父出席古儒吉在南
印度班格羅的禪修中心
所舉行的開幕大典。心
道師父是台上唯一非印
度教的大師，心道師父
的一身紅衣在一片印度
大師橘色長袍中顯得特

別突出。古儒吉大師非常推崇心道師父，說看到心道師父就好
像看到觀音菩薩。他要他台灣的弟子多跟心道法師合作，心道
師父也讓法師們學習「生活的藝術」呼吸法。兩位上師如兄弟
般的友誼，也帶動了兩教弟子間相互友好、合作。心道師父後
來甚至推薦生病的天主教神父，去「生活的藝術」學習瑜珈，
傳為宗教交流的美談。

第四場的回佛對談與「宗教與全球化」國際學術研討會

2003年5月，靈鷲山教團與巴黎聯合國教科文組織
（UNESCO）擴大合辦第四場
的回佛對談，卅餘位學者領袖
發言，討論「全球倫理」與
「善治」的問題。同年7月，
心道師父出席泰國清邁帕㝢大
學（Payap University）所舉辦

的「宗教與全球化」國際學術研討會，會中邀請了全球卅一國、三百多位學者、宗教人士與會，大會特別請心道師父於首場研討會中發表演說。會後，許多代表一再親來致意，表達深刻的印象與共識。泰國世界日報並刊登全幅內容的連載報導，對心道師父發起共同籌建「世界宗教和平大學」的理念與現況，表示深切的關注與合作意願。

印度和平高峰會

12月初心道師父前往印度參加「印度和平高峰會」，這是第四屆「世界宗教會議」的會前會，心道師父應邀出席。印度總統阿杜‧卡倫（Abdul Kalam）、達賴喇嘛以及近千位來自世界各地及全印度的宗教領袖與代表皆出席會議。主辦單位為表揚師父長年推動宗教交流之實務貢獻，創辦了全球首見的「世界宗教博物館」，特於會議中邀請心道師父擔任頒獎人，頒獎給對此會議有貢獻的人，並且就和平作為主題進行一場專題演講。

第一屆「以利亞世界宗教領袖會議」

印度高峰會後，心道師父一行人直接飛往西班牙南部塞維亞市（Sevilla）。第一屆「以利亞世界宗教領袖會議」在此舉行。以色列宗教學術機構「以利亞宗教交流協會（Elijah

Interfaith Institute）」成立了一個國
際智庫，請學者從各宗教不同的角
度，針對一個議題來進行研究，並每
兩年邀請宗教領袖集會與學者討論其
兩年來的研究成果。以利亞機構創辦
人拉比阿隆博士（Rabbi Alon），請
心道師父擔任佛教召集人，負責邀約
佛教界重要代表出席討論。在這一場
會議之後，阿隆博士告訴心道師父，他不知道兩年後該到那裡
去辦下一場會議。由於阿隆博士對和平的用心，心道師父告訴
他：「不用擔心，到台灣來，到靈鷲山來，到世界宗教博物館
來。」於是有了承辦2005年第二屆以利亞世界宗教領袖會議的
緣起。

兩個奇特的邀約

2004年心道師父接到了兩個奇特的邀約：第一個是印度教
薩達巴巴（Sri Saidas Baba）大師邀請心道師父到他的寺廟接受
洗足聖禮。原來印度的幾條聖河，在不同的時間點，會有一次
大慶典叫「大壺節（Maha
Qumbha Mela）」，數百萬
的印度人跳入河中，藉此洗
滌罪障。印度人相信將聖人
的洗足水倒入河中，可以加
持所有的人，而這位擁有百
萬信眾的印度大師，相信心

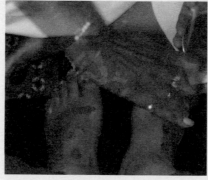

道師父是聖人，所以心道師父是以「聖者」的身份受邀的。奇特的是，心道師父在接受當地民眾洗足時所拍攝的照片，竟然出現民眾為師父洗足的手是透明的！據當地長老表示，之所以形成這種圖像，是由於師父是聖者，而幫師父洗足的人心中虔敬且無雜念，彼此靈性交融之下，才形成這張「聖影照片」。這更增添心道師父的聖者形象。

第二個是來自伊朗的友人邀請心道師父出席德黑蘭「摩塔哈里（Motahari）思想研究」國際會議。心道師父與宗博館也藉此機會，進行一場回佛對談。因此，第五場回佛對談就在德黑蘭舉辦，主題是「宗教責任與其他宗教對話」。心道師父與隨行法師成了第一次進入伊朗參加宗教會議的佛教人士，入境隨俗，法師們一個個帶起頭罩或帽子，以示對其文化的尊重。

除了開會，大會還安排參觀傳奇革命家何梅尼（Seyyed Ruhollah Mosavi Khomeini）的住處。經過幾天的相處，當要離開時，好幾個接待心道師父一行人的女孩哭了，要求跟心道師父學習打坐。當時的德黑蘭市長曾以晚宴招待國際貴賓，跟每個人握手合影；這位衣著極端樸實的市長，在幾個月後當選成為伊朗總統。

「世界宗教會議」與第六場「回佛對談」

2004年7月心道師父參加第四屆的「世界宗教會議」，會議地點在西班牙巴塞隆納（Barcelona）。此次參與世界宗教會

議的人士包括來自全球各地的宗教
領袖、學者、和平工作者與青年代
表。除心道法師外，與會貴賓還有
2003年榮獲諾貝爾和平獎的伊朗女
律師艾芭迪（Shrin Ebadi）、印度靈
修大師阿曼女士（Sri Sri Mata
Amritanandamayi）、宣揚與推動全
球倫理的著名學者孔漢思（Hans
Küng），以及馳名國際的宗教對話
學者潘尼卡（Raimon Panikkar）等
人。第六場回佛對談也趁此機會在

此處舉辦。大會中「愛與和平地球家」與宗博館主持了「回佛
對談」、「宗教交流的挑戰」、「聆聽的智慧：跨宗教教育與
轉化，從公眾到個人」等議題。

北京的初次演說與溫哥華會議

　　同年8月，心道師父第一次參加中國北京的海峽兩岸學術
研討會，並且發表「覺醒的力量
——華嚴世界觀與全球化展望」，
獲得相當熱烈的迴響。10月與加拿
大溫哥華的英屬哥倫比亞大學
（University of British Columbia）亞
洲研究中心，合辦「佛教聖地的形
成與轉化」國際學術研討會。心道
師父應邀在開幕時，就「一份傳神

的志業：聖地精神的再現與活化」主題向學者們發表演講。

台北國際會議
「靈性與生態永續：水——我們共同的根源」

　　2004年11月，宗博館與美國「高登合作與和平協會」（Goldin Institute for Partnership and Peace）合辦「夥伴城市」國際會議，會議主題為「靈性與生態永續：水——我們共同的根源」。上百位世界各宗教領袖、代表，以及國內外生態環保專家、學者一起探討全球生態以及水資源等問題，座談會的主題包括生態的關照和環保行動等。時任台北市長馬英九也出席會議晚宴，並表達對於這場會議的認同。

斯里蘭卡的救災行動

　　2004年12月26日南亞大海嘯，近三十萬人死亡，兩百萬人無家可歸。11月曾來台參與「靈性與生態永續」會議，相當肯定心道師父的斯里蘭卡佛教長老兼國會議員索比托（Ven. Dr. Sobita），在第一時間內致電宗博館，告知想要為難民蓋一千間永久住屋，請求心道師父協助。在心道師父指示下，宗博館馬上連絡台灣各大宗教，取得合作共識後，在教團的協助下，於四天內成立了台灣一個宗教界聯合賑災委員會。以「愛與和

平地球家」國際NGO名義進行賑災，為南亞海嘯的救災行動做
出具體的貢獻。

參訪印地安保護區

　　2005年3月，心道師父來到他曾
經多次要求弟子安排參訪的美國新墨
西哥州的印地安保護區，受到當地居
民的歡迎，並且在當地的霍皮族
（Hopi）部落住了兩天。心道師父對
於印地安的環保文明表示肯定，並且
讚揚印地安民族尊重自然，與萬物和
平共處、合諧共生的生活態度。他認
為印地安人與大自然相處的方式，是
相當值得學習借鏡的。

「修行弘法貢獻卓越獎」與獲贈聖樹

　　2005年6月，斯里蘭卡政府肯定
心道師父於佛法上的修為與成就，頒
發斯里蘭卡國家最高佛教榮譽，「修
行弘法貢獻卓越獎」，心道師父赴斯
里蘭卡接受這項殊榮。斯里蘭卡總理
摩新達（Mahinda Rajapaksa）亦到場祝
賀，並頒贈斯里蘭卡國家佛教最高榮
譽法扇。

　　同年8月心道師父獲印度推動宗教交流的伊斯蘭教組織

「宗教交流和諧基金會（Inter Faith Harmony Foundation）」頒贈「穆提拉尼赫魯和平包容和諧獎（Pt. Motilal Nehru National Award for Peace, Tolerance and Harmony）。「穆提拉尼赫魯」為印度國家級大獎，並由印度前總統納拉亞南主持頒獎。肯定心道師父在推動「愛與和平」理念上的努力。

此外，斯里蘭卡國會議員索比塔與兩位「斯里摩訶菩提廟（Sri Maha Bodhi Temple）」之高僧護送兩株斯里摩訶菩提樹苗來台，致贈靈鷲山佛教教團。摩訶菩提樹苗在斯里蘭卡被視為宗教聖物，須獲得斯里蘭卡政府和「斯里摩訶菩提廟」同意並發給證書才能出境，而且規定要由「斯里摩訶菩提廟」的住持高僧親自護送和種植。可以再一次看出斯里蘭卡對心道師父的肯定。

再訪北京

2005年9月，心道師父在中國北京的北京大學參加「文化資源的保護與發揚」座談會，並於北京大學哲學系所發表「從本地風光到華嚴世界——談靈鷲山教團文化理念與國際發展」演說，並且與北京大學簽署一份「宗教對話講座」備忘錄，確立雙方在「宗教對話」上的合作關係。

從瑞士到摩洛哥

2005年11月，與瑞士蘇黎世的洛桑天主教修道院合辦「神秘主義與和平」國際會議。這個天主教修道院內設有禪修、瑜珈等靈修課程，聘請不同信仰的專業人士來授課，整體設計既具現代感又簡單寧靜，令心道師父一行人留下極良好的印象。

瑞士之後，心道師父一行人直接飛往北非摩洛哥（Morocco），進行第七場回佛對談。這場回佛的合作夥伴和平基金會（GH Peace Foundation），是法國知名品牌愛馬仕（Hermes）的負責人之一愛馬仕先生（Simon G. Hermes）所設立的。愛馬仕先生早於開館前即與心道師父結緣，不但造訪過靈鷲山，2004年巴黎第四場回佛對談時，還曾於他位在巴黎市區的豪宅設宴款待與會貴賓。摩洛哥之於愛馬仕先生有如第二故鄉，他自己也自稱是回教徒加基督徒，因此非常支持心道師父所辦的回佛對談系列。

第二屆「以利亞世界宗教領袖會議」與「西班牙國際宗教會議」

2005年11月底到12月初，六十位世界各大宗教代表，齊聚於靈鷲山無生道場，召開第二屆「以利亞世界宗教領袖會議」。這次會議的主題是「神聖性的危機」（The Crisis of The Holy），主要為探討當前宗教與靈性所面臨的挑戰，這是繼2003年第一屆會議之後的又一次宗教界盛會。被斯里蘭卡視為聖者的「佛牙舍利守護者」尼南迦（Nilanga）亦全程參加此國際會議。以利亞大會之後數日，心道師父又馬上受邀到西班牙北部畢爾包市（Bilbo），參加由聯合國教科文組織分支機構所舉辦的「面對一個渴望和平的世界的新挑戰」國際宗教會議，並發表演說。

閉關的一年

2006年2月，為了進修，心道師父決定返山閉關一年，而當年的國際會議，包括中國上海首屆的世界佛教論壇與第八場北京大學回佛對談，皆由宗博館基金會執行長了意法師代表心道師父參加。

此外，就在這年3月，緬甸政府頒發「國家最高榮譽弘揚佛法貢獻卓越獎」，肯定心道師父在緬甸所做的一切弘法善行。這是繼前兩次得獎後心道師父再一次的獲得國際肯定。由於心道師父已經閉關，因此靈鷲山教團指派法師代表領獎。而

這三個獎項，也可以看出心道師父在國際交流中所受到的肯定。

出關後的第一場靈性會議

2007年2月3日，心道師父出關了，他首先參加的是6月份一場位於德國、沒有聽眾、而且參與者不到十人高度專業的小型精緻會議。這是德國慕尼黑大學與Ernst Freiberger Foundation合辦的一場探討科學與禪修，名為「禪坐與動機」（Meditation and Motivation）的專題會議，心道師父是唯一受邀的東方禪師。與會者包括了腦神經醫學家，心理學家與臨床研究者，參與者希望透過問與答，能夠從心道師父的禪修體驗中，找到學理上的突破，那是一場氣氛咄咄逼人，每個細節都會經歷檢驗的「靈性」與「理性」的對話會議，而在會議之後，心道師父與一名國際知名的腦科學專家波普（Ernst Poeppel）成為好友，於日後並且受邀為其著作寫序。

風趣的談話

2007年，心道師父接受「2007蒙特雷全球文化論壇（Universal Forum of Cultures, Monterrey）」之邀，於9月中赴美國與墨西哥，展開為期九天的國際和平交流之旅。心道師父首先於美國德州

進行兩場演說，旋即前往墨西哥弘法。

　　墨西哥是傳統天主教國家，過去資訊較為封閉，人們沒有機會接觸到其他宗教，在全球化的影響下，大型文化論壇帶來了各種靈修方法與訊息，令當地人十分好奇與雀躍。因此，大會邀請心道師父演講、介紹宗博館及教導禪修，總共四個場次。

　　這一個會議還有一段有趣的小插曲，在一場會議中，由於大會流程調整，心道師父臨時被迎請上臺致詞，負責英譯的教授還在臺下來不及反應時，心道師父已站在麥克風前了，「I am Hsin Tao.」、「I am a Buddhist.」、「I am a monk.」（我是心道，是佛教徒，是和尚）三句，心道師父緩慢艱澀但毫不遲疑地說出三句簡潔的話來，在場的有各宗教的國際人士數千人，每個人都聽懂了，停頓片刻之後，如雷的掌聲乍起，而且他們接收到的似乎比這三句更多。接下來三天會期裡只要是心道法師的演講場次，場場人數爆滿，每個人幾乎都聽完全程，並且跟隨學習簡易禪修。其中許多是神父、修女，還有一位當地女企業家願意捐地給心道師父成立禪修中心。

寧靜運動與古儒吉來台

　　2008年2月時，印度古儒吉大師在印度班格羅（Bangalore）辦了一場名為「吠陀哲學及佛教——促進全球和平」會議，來自全球各地包含南傳佛教、藏傳佛教、基督教與印度教共兩百五十位宗教及靈性領袖代表、知名學者齊聚一堂，以對談及演說的方式，闡述吠陀哲學（吠檀多）及佛教的

哲理思想，並分享靈性修行與實踐的經驗。心道師父是當然的
座上貴賓，當古儒吉大師跟弟子開示及唱場時，都邀請心道師
父坐在他旁邊，會中，心道師父也發表一篇名為「倫理與和平
經驗」的演說。4月份時，靈鷲山佛教教團在大安森林公園主
辦的「寧靜運動」萬人禪修，古儒吉大師帶領著近百位弟子全
程參加，一起體驗寧靜的靈修活動。這是一次以宗教共修為活
動內容的宗教交流方式，具有特別意義；在互相分享實修心得
之外，也再次加深了彼此的友誼。

蒙古之行

2008年5月份，蒙古國舉辦「當代佛教在
蒙古未來的發展與挑戰」國際會議，這場會議
是為慶祝蒙古衛塞節（佛陀誕辰），並且紀念
庫碩科‧巴古拉仁波切（Kushok Bakula
Rinpoche, 1917~2003）九十一歲冥誕而舉辦。
有位跟巴庫拉仁波切同樣來自印度拉達克的僧
軍（Shanghasena）法師，向大會推薦心道師
父是當代佛教大師，大會於是邀請了素未蒙
面的心道師父出席會議，而且擔任開幕致詞
貴賓。會議中心道師父以「蒙古佛教與現代
意義」為題發表專題演講。當晚國宴中，蒙
古恩赫巴亞爾（Nambaryn Enkhbayar）總統特
別單獨與心道師父晤談，表示心道師父的講
演令他「印象非常深刻」，心道法師也回贈
了一尊普賢菩薩予恩赫巴亞爾總統，席間兩

人相談甚歡，彼此都留下相當好的印象。

與政治大學的合作

2008年6月與政治大學合辦「全球
化與靈性傳統」國際會議及第九場回
佛對談。會議中討論「全球化與靈性
傳統：新的挑戰與契機」、「宗教多
元化的認同與歸屬問題」、「全球化
時代中各宗教的靈性實踐及社會參
與」、「多元信仰環境中的宗教教
育」等四大議題。第三日會議移師至

世界宗教博物館舉行，與會專家學者就「善意與敵意：宗教對
待他者的態度」以及「『回佛對話』未來的重點議題」等議題
進行對話。心道師父在開幕致詞時表示，期盼藉由此次會議增
進地球健康與人類和諧，以「靈性價值」帶動生命關懷的實
踐，並引領全球化的進程，落實善行與慈悲的全球化。

來自沙烏地阿拉伯國王的邀請

2008年7月初沙烏地阿拉伯國王阿部都拉（Abdullah Bin
Abdul-Aziz）邀請心道法師於7月14日，出席第一次由回教世界
主動主辦的宗教對話會議，地點在西班牙馬德里，會議名稱為
「各大宗教對話國際論壇」，心道師父帶領弟子應邀前往。開
幕大會上出席的重要代表包括沙烏地阿拉伯國王阿布督拉和西
班牙國王卡洛斯、美國前副總統高爾、英國前首相布萊爾以及

其他各宗教領袖代表和世界重量級人士。

　　這場規模盛大的宗教對話，其重要性不僅因其跨宗教、跨國際的能見度，更是因為來自主辦者回教聯盟國家及受邀貴賓的國際代表性，討論關注的問題也特別是當今國際間備受矚目的議題。三天的活動包括四大議題，一是「對話及其宗教和文明的基礎」，二為「對話在人類社會的重要性」，三是「對話領域的人類共性」，四為「對話的推動和評估」；並就「穆斯林——基督教——猶太教的對話：未來和前景」、「對話東方宗教：未來和前景」、「國際組織在加強對話和克服障礙等方面所作的努力」、「媒體：在傳播文化對話和共存的壓力」等問題進行深刻廣泛的討論。

　　心道師父於會中表達，「不同宗教、一種聲音」已經是對話的成果，接下來應做的是宗教之間的合作。心道師父建議成立聯合救災委員會、環保委員會或和平教育委員會，他認為「宗教間有許多項目可以一起合作」。

　　大會閉幕時，雖然無法立即連署出一份共同宣言，不過，會中已經達成幾點共識：地球暖化危機、媒體報導的重要性、以及聯合國應成立一宗教對話部門。這場會議透露出一個重要訊息，亦即宗教對談議題的層級，已經由民間機構組織跨升到國家政府部門。當然，這場會議也代表心道師父長期在「回佛對談」上的努力受到了肯定。

重回紐約的「回佛對談」

2008年9月初心道師父赴美展開「愛與和平」弘法之行，並出席「愛與和平地球家」與菲律賓駐聯合國使節團（The Philippine Mission to U.N.）共同於紐約聯合國總部合作舉辦「邁向地球家：第十屆回佛對談」國際會議。這是自第一屆回佛對談後又重回紐約，而且是首度在聯合國總部舉辦的回佛對談，因此顯得格外深具意義。

會議於9月3、4兩日在聯合國紐約總部舉辦，會議在千禧年世界和平宗教高峰會議秘書長巴瓦·金、菲律賓駐聯合國使節團常駐大使賀賴瑞（Hilario Davide）、聯合國大學紐約總部辦事處主任金馬克（Jean-Marc Coicaud）與心道師父等人開幕致詞後展開。心道師父於開幕致詞中表示：如何讓地球家更平安、更和平是每一個人的責任，宗教界應該從溝通與理解中，打破隔閡、化解誤會，建立跨宗教對話的機制，並扮演積極引導和平的角色，尋求化解衝突、對立之道。心道師父在千禧年飯店（Millennium Hotel）舉辦的宗教聯合記者會，接受媒體採訪時表示：「現在世界很多問題都要透過對話，對話要有友誼

為基礎，從『聆聽與理解』開始，才能消除隔閡性、對立性，
建立共識，發展合作，像四川地震、緬甸風災和南亞海嘯的人
道援助，都是需要國際合作才有辦法的，我們身在一個『地球
家庭』中，只有共存共榮、互濟共生，地球才能永續，世界和
平才有可能。」

不斷發酵的能量

從1990年到2008年，十幾年的歲月看似平常，卻是兩個世
紀的遞嬗，而心道師父的宗教交流志業也在這段時間中發展出
耀眼的成績。當年蹲在山洞口凝視大海的和尚，用自己的雙手
和雙腳，憑著一股堅定的信念，帶領弟子和芸芸眾生匯聚了一
股宏大的能量，開創了一條愛與和平的道路。這股能量至今仍
不斷的在國際社會上發酵。

聖者的行願
——「愛與和平地球家」的志業與貢獻

如果說，我們在前面以時間軸記敘的方式，來訴說心道師父在國際宗教交流中所做的努力；那麼現在這一部份，我們便要從理念實踐的部分來說明心道師父的貢獻，而這一部份，其實也就是「愛與和平地球家」的全球實踐。唯有從「愛與和平地球家」的全球實踐來看，我們才能更進一步的理解心道師父的理念如何被落實在其宗教交流中，也才能理解心道師父在國際行腳的過程中，是如何將他的「愛與和平」的理念種子灑向國際社會，並使其生根發芽、開枝散葉。

前面已經提到，為了銜接國際發展的需求，2002年初，靈鷲山佛教教團於美國紐約成立了「愛與和平地球家」，希望透過與國際接軌，帶動新時代的靈性運動，同時通過這種合作方式，邀請世界各地志同道合的同伴包括宗教和非宗教界人士共同來推動與參與。

　　「愛與和平地球家」經過這些年來的發展與努力，除了在國際活動中處處可見工作人員的身影，獲致良好的成就與評價外；同時也在實踐的過程中逐步奠定了八大志業作為其國際發展與交流的核心，我們將這八大志業詳述於下：

▊ 志業一：跨文明宗教對話

　　心道師父認為，每個宗教的本質或許一樣，但，有時因為政治、經濟、社會等問題而造成誤解與衝突。一切的衝突來自於誤解，化解誤解的第一步，則是進行對話。透過不斷的對談，共同討論與分析問題，化解成見，培養友誼，並尋求合作空間。

　　早在「愛與和平地球家」成立之前，心道師父便已經開始進行一連串的宗教交流與對話，並且以宗教博物館的創建作為其理念的具體呈現。而自「愛與和平地球家」在2002年成立的當年起，除了我們之前已經提到的種種國際宗教交流與對話外，心道師父更舉辦例行性、跨國性的「回佛對談」活動，希望透過佛教柔性的力量作為中介，促進伊斯蘭教與基督宗教之間的友誼，達到轉化誤解衝突和促進友好和平的目的。從第一場的紐約開始，截至2008年為止，總共在九個國家舉辦了十場對談，連結全球數千人參與會議。茲將相關資料列表如下：

回佛對話會議			
場次	時　間	地　點	議題與相關內容
1	2002/3/7	美國 紐約	**「找到共識、共謀和平」** 不同宗教開始對話、佛教與伊斯蘭對「神」的概念、無限的權柄與榮耀、伊斯蘭教的女性
2	2002/5/11	馬來西亞 吉隆坡	**「全球化運動在亞洲」** 宗教與信仰是人類善良的根源、宗教面對經濟全球化的危機、正義與公理是所有宗教的核心
3	2002/7/30	印尼 雅加達	**「靈性全球化」** 21世紀是靈性的世紀，不同宗教應該對話、宗教對話的最佳形式、馬來西亞回佛對話經驗分享、對話之後，積極行動、一個修行者的生命體驗、對話從聆聽開始
4	2003/5/5~7	法國 巴黎	**「全球倫理與善治」** 傾聽的藝術、地球家——全球倫理與善治、共創和平——和平教育
5	2004/4/25~27	伊朗 德黑蘭	**「宗教的責任：與其他宗教對話」** 宗教的思考自由、宗教思想復振、思想的信仰與自由、婦女與婦女宗教權

回佛對話會議			
場次	時　間	地　點	議題與相關內容
6	2004/7/11	西班牙巴塞隆納	「佛法，阿拉與善治」 文化多元性、永續發展、和平
7	2005/11/6	北非摩洛哥	「宗教與社會」 宗教的包容性、自我宗教對其他宗教及人民可能帶來的傷害、自身的宗教經驗可以為社會帶來改變、以慈悲為道路、堅定的信仰是個人與社會、宗教、傳統間衝突的唯一出路
8	2006/10/16~18	北京大學	「宗教生死觀」 對人生的觀點、僧伽及穆斯林的觀點、死亡和來世的觀點
9	2008/6/11~13	台北政治大學	「全球化與靈性傳統：新的挑戰與契機」 各宗教信仰者的宗教型態、宗教間的身分問題及多宗教的歸屬問題、多宗教的社會中的靈性實踐及社會與環境的關係、對於其他宗教的態度：善意／敵意
10	2008/9/3~4	美國紐約聯合國總部	「邁向地球家」 佛教與伊斯蘭教之觀點：對於和平與人權、對於貧窮與社會不公、對於生態治療與地球權

除了「回佛對談」系列活動外，「愛與和平地球家」又根據當時全球議題的需要，以「議題主導」的方式，舉辦多次大型的國際性會議。會中邀請不同宗教界人士或相關領域的研究者，針對不同主題進行交流與討論。例如：

議題主導的大型會議			
合作機構	時 間	地 點	議 題
世界宗教理事會（CPWR）之子機構 Golden Institute	2004/11/6~12	宗教博物館、靈鷲山	靈性與永續：水資源
聯合國教科文組織、以色列以利亞宗教交流機構	2005/11/28~12/1	宗教博物館、靈鷲山	神聖的危機

▍ 志業二：緬甸建設計畫

　　或許是源自於割捨不斷的血緣，也許是來自於夙世積累的緣起，作為一個出世聖者的心道師父，對自己出生的故鄉地：緬甸，始終留有一份關懷的心。而他在緬甸的幼時經歷，也成為他日後心心念念於和平議題的緣起。心道師父於2000年世界和平高峰會議的一段禱詞，或許正足以作為上述這段話的註腳：

　　「我出生於緬甸，雙親都是來自中國雲南邊境的華人。戰爭爆發之際，我與家人失散，完全斷了聯繫，當時我年僅四歲，幼年時期，我即已獨立生活。我親身經歷這種悲慘的痛苦，也經驗戰爭帶來的屈辱；後來，我立誓奉獻於療癒痛苦的志業。我願祈求全世界無依無靠、稚幼可憫的孤兒，都能得到社會溫暖的照顧，和國家的栽培。」

　　對出身緬甸、關心緬甸並且經歷過緬甸生活的心道師父而言，在緬甸戰火下受到波及與摧殘的人民是需要被關懷和重視的，特別是那些年幼的兒童。心道法師在調侃自己是戰爭的產品之餘，其實也指出兒童在戰爭中的無辜與無助，尤其戰爭在純真心靈裡留下的負面陰影，如果不經引導，冤冤相報，戰爭將永無止息！想到自己因戰亂而流離顛沛的童年，想到故鄉仍有無數像自己當年一樣的戰爭孤兒，在念念不忘如何能真正落實愛與和平教育之下，回饋緬甸貧苦兒童的教育計畫於是成為心道師父的「愛與和平地球家」的一項重要志業。

　　心道師父對緬甸的期待，不只是在通過救助來改善一般民

眾的生活，還希望能夠通過教育的方式讓和平種子散播出去。心道師父一生立志要解決戰爭的問題，發願以宗教家的使命，推動世界和平的工作。其切身經驗讓心道師父更印證靈性教育的力量。對戰後孤兒的教育重建，心道師父發現只有培養和平種子，改善人類教育，將無形的靈性教育與有形的社會服務合而為一，才是切實的有效方法。

因此，對心道師父而言，回到故鄉緬甸作為緣起地，配合當地的佛教文化資源寶藏，結合國際人道救援，是落實「愛與和平」教育理念最好的實踐場域，而也由於心道師父的發心與教團僧眾的努力，「愛與和平地球家」是少數被獲准可於當地設立孤兒院與學校，實際幫助需要救助之孩童的單位，這對「愛與和平地球家」在緬甸的建設計畫，是一大正面助益。

緬甸概況

緬甸是一個古佛國，國內信仰以佛教為主，修行風氣非常興盛，雖然物質貧乏，生活儉樸，卻仍然維持強而有力的佛教修行文化，在人類歷史上成就許多證道者與留下大量聖蹟。在近代的發展上，緬甸由於其地理位置與其政治因素，國民平均所得在約三百美元左右，被世界銀行歸類屬於全世界最貧窮的國家之一。

　　由於緬甸的生活貧窮以及一些人為的因素，使得其內部存在許多亟待解決的問題，教育問題便是其中一環。2001年11月的國際調查，小學教師的薪水，每個月只有美金6元，反映了一般基礎教育建構及教學資源嚴重缺乏的問題。因此，心道師父認為，在現代化與全球化趨勢的衝擊下，緬甸必須重視教育，提升教育水平，才能強化緬甸人民的國際發展能力，也才能幫助緬甸人民走出貧窮的惡性循環，以及被國際邊緣化的命運。

「愛與和平地球家」的緬甸計劃藍圖

　　「愛與和平地球家」在緬甸的救災計畫上有一套完整的構想，涵蓋了教育、身心靈發展與修行、社區服務、生態農業輔導等多元培育計畫，具體的計畫內容則包括：「大雨托兒所計畫」、「弄曼修行農場」、「佛國種子獎助學金計畫」、「僧伽高等教育留學計畫」等。希望通過提供生活、教育、職訓、公眾醫療、社區農場等多元的服務與關懷，把佛法與當地的社區發展與社會服務結合，協助當地民眾學習自給自足，並通過教育讓下一代能夠脫離貧困循環的宿命，讓緬甸可以成為落實「愛與和平地球家」理念的重要實踐據點。

援助計畫之兩大類別：

第一類是「扶貧慈善」志業，這部分的計畫包括「大雨托兒所」、「捐棺」、「農村少女脫貧計畫」、「弄曼修行農場」以及「社區醫療站」等五個部分。

一、大雨托兒所 —— 雨季托兒計畫

在緬甸，五歲以下的幼童，每四個就有一個營養不良；這情形在雨季特別嚴重，幼童夭折率更高；因為，農人為了把握下田耕種的時節，沒有時間照顧孩子，這段期間還會有瘧疾、登革熱，與其他熱帶疾病的爆發，造成更多孩子不幸夭折；讓兒童有房子可以避雨、有老師照顧、教導，還有兩餐熱食的「大雨托兒所」誕生了！民風純樸的緬甸，一向沒有學前教育，大雨托兒所裡的孩子，因此成為全國唯一得到專業照顧的一群幼兒。

「愛與和平地球家」迄今已經在緬甸境內開辦三屆的大雨托兒所，並且獲得當地居民的高度認同與肯定，大雨托兒所的

設立，讓許多父母能夠放心工作，也讓許多幼兒能夠獲得良好
的照顧，因此，未來將持續並且擴大舉辦。目前已經設立的托
兒所，如下表所示：

屆期	設立時間	間數	設立地點
第一屆 大雨托兒所	2006年 6月	3	仰光郊外果目鎮 的欣羌村
第二屆 大雨托兒所	2007年 6月	2	仰光郊外果目鎮 的雅宵通村 達拉鎮的娃巴拉 陶村
第三屆 大雨托兒所	2008年 6月	1	丹林村的昂明格 拉僧院內

二、捐棺 —— 幫助貧病者與流落街頭之亡者能入土為安

　　由於緬甸的生活環境不佳，很多貧病或是社會底層的民眾
往生以後，往往無法受到良好的收容或處置，這一方面讓往生
者人生的最後一段路走得沒有尊嚴，另一方面也會造成公共衛
生安全方面的疑慮。因此，「愛與和平地球家」募集棺木來收
容這些往生者，解決人道方面和公共衛生上的問題。

三、農村少女脫貧計畫 —— 少女收養教養院

農村少女是農村貧困生活中，最容易被犧牲的對象，正式的學校資源對於女性也往往無法提供公平的教育機會，她們可能成為家中的未成年的勞動者而長期缺乏營養，甚至可能成為人口販賣的對象，這個情形造成惡性循環，使得在貧窮與落後的國家中更可能成為愛滋病源的源頭，因此，在此成立少女收養教育院，是「愛與和平地球家」迫不及待的工作。

四、弄曼修行農場 —— 農業深耕職訓與社區農場的建立

為了讓緬甸當地居民能夠獨立自主的養活自己，避免養成一面倒的依賴外援的習慣，因此，「愛與和平地球家」也積極的發展輔導當地居民從事農耕的工作。「弄曼修行農場」的概念正式在這樣的構想上被落實的。位於緬甸北部之臘戌市，佔地面積三百英畝，附近有樹林、山坡及水源。目前已在仰光成立籌備處，並已完成長達兩年的田野調查分析，同時已與當地

政府簽立建設備忘錄，目前已開始進行整地，計劃以一百五十英畝為保留森林，另一百五十英畝作為興建孤兒沙彌學校，社區醫療站，讓有興趣的學生學習農業技藝，並能自給自足開發經濟農作物。

現在前期作業，有十五英畝種植香茅草，提煉香茅精油與香茅手工皂，並解決該地蚊蠅等滋生問題；另有岩蘭草之種植，由於岩蘭草本身也有幫助土壤潔淨與保持土壤不受流失的功能，改良了該地地質問題。

五、社區醫療站 —— 促進醫療品質的提升與改善

有鑑於緬甸當地的醫療環境不佳、醫療資源缺乏，因此，「愛與和平地球家」於仰光大雨托兒所四個社區，以及臘戌郊區弄曼村等地方設立了社區醫療站用以改良當地人民醫療品質。醫療站除了提供較佳的醫療用品與藥品外，也會定期安排國外醫療團隊協助前往義診或短期駐站醫療。

第二類是舉辦「僧伽教育」，可以分成下列四項：

一、供養萬僧

「愛與和平地球家」從
2002年起，每年舉辦一次偏
遠貧窮地區的僧伽修道院的
供養。具體作法是於每年11
月的結夏安居圓滿日，作萬
僧的食、衣、藥品等資具供
養，由城市至鄉村逐步安
排，同時也擴及對更偏遠地
區僧侶的資糧生活的照顧供
養。截至目前為止，已經有
十五個大小城市鄉村的僧
院，共約有六萬名僧侶接受
此供養。

二、高等僧伽留學獎助學金計畫

為有志前往留學學習的
僧侶提供年度獎助學金，每
位提供美金兩千元或更高，
以供其學習之用。目前已提
供援助者包括在印度者和斯
里蘭卡都各有博士一位，碩
士五位，預計未來將有更多
學子可以受惠。

三、孤兒沙彌教育獎助學金

提供給優秀孤兒和貧童沙彌獎助學金。這部分計劃是由緬甸宗教教育部、緬甸國家教團推廣部，和愛與和平地球家緬甸分會共同合作，自2004年6月開始計劃實施。提供小學一到五年級優異孤兒學童獎助學金，激發其努力求學、奮發向上的精神。

獎助學金的目的主要在於提升教育品質；除了獎助學金之外，還希望輔導他們的家人職業技能，提供免費的基本醫療，甚至提供教師在職訓練和薪水補貼。目前有將近七百位贊助人，

每一分一毫的捐款，都確實地運用在孤兒、貧童和沙彌身上，完全做到專款專用。自2004年起截至目前為止，受惠於這個計劃的學生，已有八百一十五位之多。

四、高等巴利文大學聯盟興建計畫

愛與和平地球家與緬甸第一位三藏比丘明空大師興辦的巴利文大學合作增建校區，提供約一百五十位學僧學習與住宿空間。協助讓更多有志於進修的學僧修學，該校力行四年大學教育，二年的森林比丘實學體驗，始可獲得畢業證書。

▌志業三：國際禪修中心

　　在全球各地興建「國際禪修中心」也是「愛與和平地球家」的重要志業。心道師父認為，在全球化時代中，物質文明的提升對人類生活的幫助是無庸置疑的，但是過份迷失於物質文明對效率、績效、速度、利益的追求，這些來自對物質文明的極大化而產生的單面向價值觀的倡導與發展，使得人們的身、心、靈都受到很大的壓抑與傷害。也讓人類的生活與生命不再屬於自己，而從屬於物質的流轉。如何讓人們認識、理解和學習重新面對自己、面對生活，如何讓人們的身心靈在當代物質與精神文明的互動中達到交融平衡，並由此而感受到生活的平安喜樂，並從而觀照自身生命的意義？「國際禪修中心」的志業正是在這樣的思維下被提出來的。

　　國際禪修中心不是要建構或塑造一套新的價值觀念，也不是要截然二分的區分物質與心靈。它是要引導我們正視和喚醒潛藏在我們內心深處的靈性，通過對靈性的呼喚與回歸，讓我們的身、心、靈以及生活生命都能在靈性的引導下，有對自我生命與生活的主導權，讓我們因此而活得更好、更逍遙自在；當然，也更有意義。

　　「國際禪修中心」是以人類靈性復歸為主要的訴求。禪，是人類追求自在解脫的一種法門；是一種無可言喻、寸心自知的境界。它是簡單的、自然的、寧靜的、並且透明而悲憫。透過禪修，我們可以理解它、接近它，並且通過它來讓我們認識到自己的靈性。靈性需要被啟發，透過禪修，藉由放鬆身心，來體驗寧靜、慈愛的能量，於生活中得到安心，於安心中生起

悲憫心，並能落實於實際行動、救助他人，從自己放大到他人與世界，從而引領出一個充滿「愛與和平」的地球家。

　　心道師父一生致力於禪修教育，教導人們藉由身心的全面放鬆、平衡及重新調整，來體驗寧靜、培養慈愛，安頓自己又助益他人。因此，「愛與和平地球家」通過在世界各地設立「國際禪修中心」，將心道師父的禪法修學予以推廣，在世界各地尋找磁場良好、環境清靜而適合靈修的優質場地，作為建立國際性禪修中心的據點，提供給有志於閉關禪修者使用。而更重要的是，希望能將禪修所得的能量：慈愛、悲憫、和平等等，進一步轉化為對國際社會的慈善助益。

　　「愛與和平地球家」所成立的國際禪修中心，或許會因為因應不同的時空環境需求，而將會形成風格略異的教學場景與修行內涵，儘管如此，GFLP各大禪修中心仍有共通一貫的理念依持，其特色表現在「清淨、覺悟、慈愛」三個面向上：

　　一、清淨

　　提供清淨、自然、喜悅又放鬆的空間，讓靈修中心成為一個善能量的修習與匯集處所。

　　二、覺悟

　　以寂靜修的教授法門，脫離幻妄，讓人回到直覺體驗的情境，並且能夠以此來面對生活中的各樣情境。

　　三、慈愛

　　串聯GFLP各項利益眾生的志業，讓大眾的愛能夠通過這裡凝聚能量與發散出去，讓靈修中心在調養個人身、心、靈的

同時，也成為一個跨國性的的社會服務平台。

　　而在課程內容上，國際禪修中心將傳承著佛教禪宗「直指心性」的特有精神，結合呼吸吐納之法，以及觀音菩薩耳根圓通法門，提供學習者一個易學又深入的修行課目。這套以「寂靜修」為主要內容課程設計，由淺而深，分為三個部分，可適用於不同程度的各類對象：

　　一、初階（寧靜）

　　透過一套簡單的方法，消除生活壓力與張力，提供一般短期需求者，擴展自我能量之用。

　　二、中階（覺知）

　　提供給具有禪修初階經驗者，從自心內在探索中體驗更深度的寧靜，進一步加強禪定能力。

　　三、高階（存在）

　　高級課程的申請，則經由禪修中心指導老師認可，透過高度集中的覺知力，觀照一些特殊設計過的問題（如同禪宗的參話頭），達到參悟究竟真理的理趣。

　　禪法，是追求自在、獲得解脫的一種修行方法。佛家說

「一花一世界，一葉一如來」，又說「青青翠竹無非法身，鬱鬱黃花無非般若。」禪法，在任何地方皆可體悟領會。透過禪修，藉由放鬆身心，來體驗寧靜、慈愛的能量，於生活中得到安心，於安心中生起悲憫心，並能落實於實際行動、救助他人，引領出一個充滿愛與和平的地球家。而這也是愛與和平地球家成立「國際禪修中心」的終極渴望。

　　然而，在全球各地成立「國際禪修中心」並非一蹴可及的事，它涉及了人力、物力以及各地文化差異的問題。因此，「愛與和平地球家」先由單點地區下手，希望藉由這些地區的努力，讓其他地區能夠看到成果而共同響應，讓國際禪修中心成為凝聚國際社會「愛與和平」能量的平台。目前已經設立以及預定成立的禪修中心據點，包括：台灣靈鷲山大禪堂、緬甸國際禪修中心、尼泊爾國際禪修中心、美國科羅拉多國際禪修中心、加拿大落磯山國際禪修中心等。預計在心道師父以及「愛與和平地球家」工作同仁的發心及努力下，未來還會持續增加。

志業四：聖蹟保護工作

　　早在「世界宗教博物館」和「愛與和平地球家」正式成立之前，心道師父早已在國際宗教交流過程中表現出他對「聖蹟維護」議題的關懷與重視，不遺餘力的呼籲和推動聖蹟維護工作，也因此，作為心道師父國際交流重要志業體的「愛與和平地球家」，自然要將此一議題當成是重要的志業。

　　宗教聖地與宗教古蹟，是藝術的結晶、文明的成果，也給予人類後代在心靈啟發上珍貴的遺產。然而，這些神聖的歷史遺跡未能受到應有的重視與珍惜，並且常常因為人類的戰爭及衝突，在剎那之間化為烏有。當年的阿富汗政府毀佛事件便是一件血淋淋的案例。對此，心道師父和靈鷲山教團除了協助阿富汗成立歷史文物保護中心之外，也曾經邀請國際研究機構普遍調查世界瀕臨危險的宗教遺跡，並於2001年宗博館開館時舉辦了一場聖蹟保護會議。如今，身負保護人類文化遺產的使命，心道師父所領導的GFLP，在東南亞等地，同步進行著多項古蹟修復及重建的工作。

　　從1993年「世界宗教博物館籌備處」成立之後，伴隨著世界宗教博物館建館事務的推展，心道師父與靈鷲山教團越來越深刻理解到宗教古蹟與文物維護的重要性，並毅然決然地肩負起保護宗教聖蹟的使命。十幾年來，在頻繁的宗教交流及海外博物館訪察行程中，也列入了「宗教聖地研究參訪」、「文物保護推廣」、「古蹟修復資助」等與宗教聖蹟保護相關的工作。過程中，曾經擬定一份行動綱領，將東南亞、中東、南美

洲、中國邊地等地區設為四大聖蹟保護重點，並安排「世界瀕臨滅絕宗教遺蹟調查計畫」，擬將先後赴巴爾幹半島、非洲、東南亞、中東、南美洲、北美洲等地，實地考察各區域之宗教遺跡現況。

首次國際宗教聖蹟參訪：中東之行

1996年5月，心道師父率世界宗教博物館籌備人員至中東地區參訪，這是靈鷲山教團首度進行之「宗教聖地遺蹟考察」。中東地區為西方三大宗教——猶太教、基督宗教和伊斯蘭教的共同發源地，境內擁有古老、豐富的宗教遺跡。此次參訪人員橫跨了土耳其、以色列兩個國家，參觀境內之猶太教、基督教、伊斯蘭教、巴哈伊教等宗教的聖地及遺跡，了解其宗教禮儀的典故意義，以及其宗教聖地的保存情況。

第二度宗教史蹟考察之旅：英國倫敦聖地計畫

1997年4月，鑑於靈鷲山佛教教團同樣關懷世界宗教文化之保存，國際宗教教育文化顧問中心特別邀請心道師父參加「聖地計畫（The Sacred Land Project）」，並參加於4月13日主辦之「英國聖喬治日」慶典。聖地計畫為英國國教會坎特伯里大主教喬治‧卡倫博士（Dr. George L. Carey）主持，受英國

皇室、世界宗教及史蹟等團體贊助，計畫自1997至2002年，共計五年，計畫目標包括：復原英國古老與已毀壞的宗教史蹟、聖地周遭環境，以及於都市市區中開創新興聖地等。有感於此事對聖蹟維護意義重大，因此4月下旬，心道師父欣然應邀前赴倫敦，展開靈鷲山第二度宗教史蹟考察之旅。

這次的旅途正式開啟了心道師父與教團對聖蹟維護議題的關懷重視，也讓教團意識到這個志業的重要性，雖然心道師父並沒有成立一個專門的單位來從事相關志業，但是此後，靈鷲山佛教教團更積極參與相關活動，時時派員前往中國大陸、日、韓、東南亞、印度、中東，甚至於俄羅斯、非洲、歐洲、美洲等地區各宗教聖地，以認識各宗教的歷史與文化，並考察各個宗教聖蹟的存護狀況。可以說，「聖蹟維護」後來成為「愛與和平地球家」一項重要的志業，可謂肇因於此。

化願為行的聖者志業

一、成立「世界神聖遺址保護委員會」

2001年3月巴米揚大佛遭阿富汗神學士政府炸毀，千年之宗教文化遺產毀於一夕之間，全球宗教、人道、文化人士同心譴責；心道師父發覺全球聖蹟維護的工作已是刻不容緩。時值世界宗教博物館即將開館之際，世界宗教博物館籌備處正將展開全球巡迴宣傳活動，因故，心道師父決定在此宣傳活動中，針對「宗教古蹟維護」議題一併進行國際呼籲。活動行程包括日、港、中國大陸、韓國、美國、英國、南非、埃及、以色列和印度等地；而聯合國世界和平高峰會秘書長巴瓦·金先生亦

地球家篇 149

熱心參與並全程作陪。並於是年4月19日在日本東京的國際記者會上,心道師父及巴瓦·金先生共同宣布成立「世界神聖遺址保護委員會」,呼籲全球各界共同維護宗教聖蹟。

二、「維護宗教聖地古蹟委員會」研究案

6月中旬,世界宗教博物館開館全球宣傳列車開往美國。美國宣傳期間,心道師父特別拜訪世界紀念物基金會,與其副總裁約翰·史都柏(John Stubbs)等專家,就「宗教聖地維護」進行會談,並規劃「維護宗教聖地古蹟委員會」研究案。隨後,心道師父並再與哥倫比亞大學宗教與藝術學者等商談初步合作事宜。

其後擬定大綱,將東南亞、中東、南美洲、中國邊地等地區設為四大聖蹟保護重點,並安排「世界瀕臨滅絕宗教遺蹟調查計畫」:擬將先後赴巴爾幹半島、非洲、東南亞、中東、南美洲、北美洲等地,實地考察各區域之宗教遺跡現況。

三、波士尼亞聖蹟考察行

同年8月,心道師父至考察首站巴爾幹半島,展開「波士尼亞聖蹟考察行」。考察當地宗教聖蹟之破壞實況。此行於波士尼亞內戰結束五年後展開,當時波士尼亞地區仍處於戰爭之陰影中,城市中多數建築、巷弄牆垣仍然殘破,彈孔累累清晰可見,百年天主教教堂、清真寺因戰爭而遭嚴重損毀,而居住在同一街道之不同民族的人民,界線

分明，不相往來。心道師父此行中有巴瓦‧金秘書長偕同前行，在勘視當地宗教古蹟之後，心道師父二人並與當地之天主教樞機主教、美國駐波士尼亞大使湯瑪士‧米勒（Thomas Miller），以及波士尼亞文化古蹟保護官員沙比拉‧胡塞第諾維克（Sabira Husedinovic）等人會面，以商討研究日後當地之宗教古蹟的修復工程。

　　心道師父對巴爾幹半島的戰爭對聖蹟的破壞與維護相當關心，因此他親自考察許多聖蹟的修復工程。例如參觀擁有數百年歷史，卻在內戰中被砲火摧毀的莫斯塔爾古橋（Old Bridge in Mostar）的修復工程，並且慰問和與修復古橋的民眾一家人合影。他也造訪清真寺的修復工程，瞭解這些修復工程的困難度，希望日後能將這些考察經驗應用在全球的聖蹟維護的實踐上。

　　此外，心道師父為促進當地宗教和諧，南北奔波拜會了波士尼亞當地的天主教和回教等宗教領袖，並且邀集當地政府、企業、民間團體，共同對談，期盼藉由彼此的溝通與瞭解，讓和平的曙光在巴爾幹半島綻放。

四、世界宗教博物館開館系列活動：全球聖蹟維護國際會議

同年11月9日，世界宗教博物館於台北縣永和市開館，為了因應阿富汗神學士政府毀佛事件，於開館活動慶典期間，靈鷲山教團在台北市圓山飯店舉辦「全球聖蹟維護國際會議——宗教·博物館·世界和平」，除來台參加開館慶典之宗教領袖代表外，全球各界之宗教、歷史、政治、建築和藝術等專家學者應邀與會；眾貴賓針對「博物館與文化聖蹟保存關係」、「宗教與文化聖蹟保存關係」、「博物館與世界宗教：新合作關係」等議題進行討論。世界宗教博物館亦不定期舉行聖蹟維護之推廣教育。其館內為孩童特別設置之「兒童探索區」並有規劃「全球五大洲聖地建築」之介紹展覽。除此之外，2004年10月，世界宗教博物館並與加拿大溫哥華卑詩大學於溫哥華共同舉辦「佛教聖地的形成與轉化」國際宗教學術研討會，是繼開館系列活動後，世界宗教博物館為「維護聖蹟」所主辦之第二場大型會議。

五、宗教聖蹟修復資助計畫

2002年全球聖蹟保護委員會特於香港召開「阿富汗巴米揚大佛重建基金籌募會」。心道師父與聯合國千禧年世界和平高峰會秘書長巴瓦·金，以及阿富汗駐聯合國教科文組織大使阿記司，分別在現場及巴黎電話連線，共同參與大佛基金之籌募，以為巴米揚大佛之重建基金。隨後，聯合國教科文組織並

邀請全球聖蹟保護委員會秘書長巴瓦‧金、心道師父與了意法師，日後赴阿富汗首都喀布爾，與聯合國官員、各宗教界領袖以及古蹟維護專家，共同商討巴米揚大佛重建工程，並協助阿富汗政府成立「歷史文物保護中心」。

六、對國內古蹟、文物維護活動之參與

除了海外宗教聖蹟考察的活動之外，為配合世界宗教博物館籌建，自1996開始，世界宗教博物館籌備處亦開始派員參加台灣地方政府、學院單位所舉辦之博物學課程、會議與活動，以對博物館之館藏專員實施先行之教育訓練，包括：「古蹟實地考察」、「文物保護」、「文物庫存」、「文物維修」和「木質、紙質文物維護」等。期望藉由這類活動的參與，不但讓博物館人員在文物維護方面之知識與技術有所裨益，並對國內對文物古蹟保護之共識凝聚上，有更長足之增進。

上述這些事件有的雖然大多是在「愛與和平地球家」成立前就已經在進行的工作，但是正是這些前置工作的努力，才使得「愛與和平地球家」得以承繼這些成果而在「聖蹟維護」志業上繼續努力，同時也受到國際社會肯定其作為聖蹟維護重要團體的代表性和正當性。

其中特別值得一提的是緬甸當地的聖蹟維護。由於雙方長年來的交流、互動，以及靈鷲山年度朝聖、供僧等活動，靈鷲山佛教教團與緬甸建立了良好且深厚的法緣關係，因此緬甸也成為「愛與和平地球家」聖蹟修護工作成果最為豐碩的地域。自2002年10月起，心道師父與靈鷲山佛教教團便開始以「愛與和平地球家」的名義，積極參與緬甸宗教古蹟的修復計畫。甚至與當地的宗教園區及教育單位進行合作，例如，同屬於教團

志業的聖典結集洞窟園區、國際上座部巴利大學等單位,都在同步宣傳並推動著聖蹟維護的工作。茲將所執事過以及持續在進行的聖蹟維護工作,整理列表如下:

古蹟佛塔維護	
2002年	修護普甘一六二三號佛塔。
2004年	仰光大金塔貼金箔工程修護捐助。
2006年	修護臘戌弄曼村有兩百年歷史的佛塔十九座,並將周邊環境整理成為公園。
2007年	修護密枝那村一座千年歷史的佛塔。
2008年	修護東枝窟古區一千五百年歷史的佛塔一〇八座,東枝茵利湖區一千五百年歷史的佛塔八座。

古蹟戒台寺院維護	
2007年	有五百年歷史的東枝佛教戒台崩塌,故作整建修護,使之成為可進行傳戒用的重要用地。

▌ 志業五：宗教青年培訓

　　或許在某些時候，青年代表的是生澀、幼稚與不成熟；但是更多時候，青年代表的是熱情、奉獻與高度的學習能力。正因為如此，如何號召、培育與組織優秀且具有熱忱的青年朋友投身國際宗教交流，讓他們為世界的「愛與和平」盡一份心力，也為自己的青春留下不可磨滅的驕傲，就成為「愛與和平地球家」的一項重要志業，這即是促成「世界宗教青年聯盟」的緣起。

　　架設在「愛與和平地球家」之下的「世界宗教青年聯盟」（簡稱：宗青盟），成立起因於心道師父在1999年參加南非開普敦「世界宗教會議」時，發現到與會的青年領袖儘管年紀不大，一旦受過宗教薰陶之後，便散發出許多令人讚賞的創意、見解、善念及活力。相較於我們時下的部分青年學子，有的價值觀扭曲，有的迷失了生命方向，有的沒有正確的生活態度遠遠不如這些表現得可圈可點的宗教青年。因此，心道師父深深省察到，宗教教育應該往下紮根。唯有將青年們的熱情與活力引導至正確的方向上，才能從根本之處協助青少年走上正道，使其感染宗教的高尚情操，敦品礪行，並藉此消除一些跟青少年有關的社會問題。

　　「尊重每一個信仰，包容每一個族群，博

愛每一個生命」是宗青盟的宗旨，以宗博館的精神，倡揚愛與
和平，引導新時代的青年從心靈層次出發，成為傳揚「尊重、
包容、博愛」之價值的和平使者，進而拓展視野，以「生命服
務生命、生命奉獻生命」的精神，展現生命的積極與光彩，進
而服務社會並推展至全世界。

　　「宗青盟」成立以後，舉辦和參與了許多重要的活動與會
議，茲將歷年世界宗教青年聯盟活動依時間和種類列表如下：

宗教交流	
「天堂・野台・咱的歌」愛與和平 祈福晚會	2001/12/29
青年大使美國參訪之旅	2002/6/13~6/23
世界宗教青年研習營	2002/7/17~7/19
全球聖蹟維護國際會議宗教親善大使	2002/11/9
跨宗教對話週 （Interfaith Dialogue Week）	2003、2007
巴塞隆納世界宗教會議	2004/7/7~7/13
高登國際會議青年志工服務	2004/10/23~10/30
第二屆以利亞世界宗教領袖會議 青年大使培訓	2005/11~2005/12

講座與讀書會	
「心道師父 V.S. 宗青盟學員」的世代交融心靈對談	2001/2/21
饗天地・覺有情＜宗教與生命＞紀錄片講座	2002/4/13~6/8
「美麗天堂（Promises）」紀錄片講座	2003/3/23
生命原型講書會系列	2003/5/3~2004/2/7
年輕學子與年輕喇嘛的生命對話：	2004/12/23
天繪（Tenzin）喇嘛「法華經講座」	2005/1/12

培訓與營隊活動	
國際宗教青年大使第一期志工培訓營	2001/8/3~8/6
世界宗教博物館宗教青年公關義工訓練	2001/10/1~11/5
「全球思考、在地行動：打造青年理想家」台灣青年高峰會	2002/11/10
第二屆國際宗教青年大使志工培訓營	2003/2/6~2/9
靈鷲山小菩薩班	2003/3/5
兒童課輔志工培訓營	2003/3/22~3/23
靈鷲山第一屆佛門青年探索營	2003/7
2003兒童生命教育志工培訓營	2003/9/2~9/5
冬季青年平安禪：耳朵裡的禪	2004/1/27~1/31
靈鷲山第二屆大專青年佛門探索營	2004/2/1~2/5
愛地球生態小記者培訓	2004/3、2004/6

2005靈性與生態永續國際青年種子養成計畫	2005/5、2005/12
靈鷲山第四屆大專青年佛門探索營	2005/7/6、7/10
快樂小菩薩週末夏令營	2005/7/23、7/24
2005靈鷲山兒童生命教育夏令營	2005/7/10、7/13
政治大學「心和平社」學生社團	2005/10成立
第五屆「翻滾吧！菩薩」大專青年禪修營	2006/2/7、2/11

　　由於宗青盟的成功，「愛與和平地球家」之後也不斷的在世界各地尋找和培訓優秀且有心的青年，期許他們成為「愛與和平」志業的現在和未來種子。

志業六：推動地球環境保護

　　地球環境的破壞，來自於人類為了滿足自我的私心，不惜一切代價破壞自然生態，取得所謂經濟的成長與消費指數的提升。當無情的破壞，讓人們誤以為自己獲得並掌控了一切的同時，實際上大自然已經開始反撲，最後受害的還是人類自己。諸如溫室效應、臭氧層破洞、風災暴雨等傷害，不斷的壓縮人類的生存環境，而面對這些問題的無能與無力，更加突顯人類的脆弱與渺小。

　　事實上，一切物種的存在都是稀有珍貴的，「生物多樣性」絕對不只是一種口號，而是一種人類對大自然發出警告後的反思。然而，長久以來對功利主義和資本主義理性化的追求，早已經使得一般人迷失了自己，連自己的生活生命都無法掌握，自然難以對大自然付出關懷，當然也不會認為環境保護是我們每一個人的責任。

　　所以，當宗教在喚醒人內在靈性的同時，也喚醒人類對自身所處環境的重視，呼籲人類重視環境保護的重要。我們應該珍惜地球上一切的存在。要知道，地球上的每個事物、每個生命都是相互依賴的，整個地球就是一個大的生態鏈。「愛與和平地球家」之所以倡言「地球家」，就是在強調要尊重和保護在地球上與人類生存息息相關的萬事萬物；包含各種生命和資源。

　　早在「愛與和平地球家」出現前，心道師父就身體力行的從事環境保育工作。例如1996年教團發起「生活環保」運動，

號召義工收集了六百五十公斤的紙、鐵、瓶罐等垃圾資源，回收到跳蚤市場，再行流通或利用，以「惜福」之心來推動生活環保的日常觀念。而多年來，「愛與和平地球家」落實心道師父的環保理念，透過多項活動，推廣環境保育及愛護地球的工作，其中較為重要者包括：

一、持續推動生活環保

要大家從生活中做起，資源回收，避免浪費，以「惜福」的觀念來從事環保。

二、提倡身心靈全面的環保觀念

每年我們以「九分鐘平安禪」推動「全民寧靜運動」，以「愛地球九大生活主張」（寧靜、愛心、對話、素食、環保袋、節能、減碳、節水和綠化）為具體行動，鼓勵社會大眾落實身心靈的環保運動。

寧　靜
tranquility

愛　心
love

對　話
dialogue

素　食
vegetarian

環保袋
reusable bags

節　能
energy conservation

減　碳
carbon reduction

節　水
water conservation

綠　化
green development

三、舉辦環保會議或進行環保研究案

例如，2004年舉辦「靈性與生態永續──水：我們共同的根源」國際會議。從「水資源」談起，探討全球環保生態所面臨的危機，透過各宗教領袖、環保專家、學者的相關討論，試圖從中達成共識，找出有效的行動方案，解決全球水資源和相關的環保議題。為了響應此次會議，還同時進行「台灣民間海神信仰與生態永續」調查，即是探討台灣的南鯤鯓代天府的王爺信仰與當地「濕地」生態保育的關係，試圖透過對地方區域信仰和環境保育連結的研究，喚起民眾對環保的重視。

四、生態小記者培訓：

提供年輕一代學習實際生態環保知識的機會，養成青年人對生態、生命關懷的付出精神。這是環保教育的扎根工作。例如讓他們造訪濕地，親自瞭解生態保育的重要。諸如此類環保教育的紮根工作，能讓年輕人更從實際生活中瞭解環保的意義，也更能認同和落實環保的理念。

總之，「愛與和平地球家」透過社會活動及與教育系統合作，教育大眾尊重生命、愛護生命，由心靈環保的養成，落實到外在生活環境的環保。又透過對話，讓不同宗教、不同族群達成共識，為求保護地球，停止一切形式的衝突，及過度的經濟開發，希望最終能達到地球平安，人人安樂的願景。

▌志業七：協建「宗教博物館」分館

　　1999年心道師父在南非「世界宗教會議」大會上，向世人公開宣布第一座世界宗教博物館將在台北成立時，宗博館的理念、構想和內容設計，便開始受到國際社會的矚目與認可。2001年11月9日，世界宗教博物館正式開幕。宗博館開館，讓世界各大宗教同綻光芒，各顯異彩，象徵著一個宗教共融的新時代的開始，也體現了「一即一切，一切即一」的華嚴世界觀。

　　早在宗博館籌建之前，心道師父就預見到廿一世紀的文化，將是一種不分種族、不分國籍，也不侷限於特定宗教傳統的世界性文化。「地球一家」的現象會更趨成熟。為了迎接這種全球化情境的來臨，至少要有一座、或越來越多的世界宗教博物館被設立，一方面發揮靈性教育與文物展示的功能，將至真、至善、至美的宗教理念，傳播給社會大眾，激發世人的愛心與善念；另一方面則藉以消弭各大宗教之間的歧見、誤解及衝突，建立友誼，發展雙向或多邊的互動及交流，構築出一個嶄新的跨國界關係網路。

　　要在世界各地建造宗教博物館，因工程及耗資過於龐大，恐怕是件幾近不可能的艱鉅任務，然而，心道師父期望世界宗教共存共榮的心願及理念，早從宗博館籌建初期開始，就不斷地藉由一步一腳印的海外參訪行跡，傳播到全球各地。宗博館成立之後，運作至今，對於世界宗教交流以及國際和平事務的貢獻，也深獲世人肯定。這是心道師父與靈鷲山教團的宗博館

經驗，也是「愛與和平地球家」理念的實踐。

　　宗博館經驗，是心道師父與靈鷲山教團樂意跟地球家每一份子共同分享的經驗。於是，向國際社會提供宗博館的籌備經驗，並協助宗博館分館的構建，便成為了「愛與和平地球家」的重要計畫項目之一。德不孤，必有鄰。2007年，英國伯明罕大學與當地多位宗教領袖共同提出一份心願，希望在英國境內成立一座符合歐洲人需求的宗教博物館。獲知這個訊息之後，心道師父與「愛與和平地球家」執事人員便在積極進行接洽，以協助宗博館英國分館的籌建。

志業八：開辦世界宗教大學

　　世界宗教大學是「愛與和平地球家」八大計畫工作的最後一項，也是心道師父接續世界宗教博物館之後，希望成就的第二重大志業，目的在建構多元的、開放的、兼具理念與實務並重的教育系統，落實佛典上所說的「傳承諸佛法、利益一切眾」的使命，體現《華嚴經》所呈顯的圓融世界觀，讓古代佛教「那爛陀」學校的精神再現於當代，並且將「愛與和平」理念作為教育背後的核心宗旨。

　　世界宗教大學是為了對治當代人類的迷失而來的從教育體系上的改革。立身在這個表面上充滿希望，實質裡卻又隱含不少問題的廿一世紀全球化時代當中，該如何面對自己？面對眾生？面對心中的神聖許諾？身為宗教界的一份子，又該如何重新召喚人性的精神價值及宗教情懷？如何開創新世紀人類心靈的復甦運動？如何型塑全球倫理與普世價值，讓人們遠離因對立衝突所帶來的不安，進而回歸心靈上、生活上的安和？是我們所共同面對的歷史命題。也是「世界宗教大學」所以出現的原因。

　　聖與俗、對與錯、貧與富、強與弱、苦與樂，都是一種價值觀的執著，人類為這樣的執著付出許多代價，循環不已的愛恨，掀起輪迴之網，相互糾纏。殊不知超越對立的才是永恆自在的。人類因為迷惑而有了貪愛，因為不足而掠奪，如果看清楚良善循環對自身的利益時，將會覺醒到迷惘顛倒所犧牲的代價。如果覺醒是迫切需要的，那宗教教育將是創造覺醒的助

緣。只有回歸宗教本身的愛與和平精神，才能促使世界邁向和諧。「世界宗教大學」將是未來理想社會的希望。

也因此，「世界宗教大學」將會秉持著全人教育的理念，將靈性教育（Spiritual Education）編入整個教學體系當中的重要一環，藉此，培育出一群人格健全、品學兼優，且深具宗教涵養的新生代；另外，「世界宗教大學」也會提供科學理性和宗教靈性的對話媒介，讓不同的價值體系得以交流互動，消解彼此之間的對立與衝突，以達成維護地球生態、促進世界和平的理想目標。

「世界宗教大學」的建校信念包括下列幾個部分：

一、知識與靈性並重

本校所欲呈現的是一個全方位的教育，除了傳授宗教學知識外，亦強調靈性的學習與陶冶。

二、宗教世界觀

廿一世紀的世界，不再是一個封閉而不相干的世界，宗教已不再是過去一個特定民族或是區域的宗教，伴隨著地球村的來臨，宗教也向著世界各地傳播。

三、為人類宗教繼往開來

希望藉由課程的訓練，為各宗教培養提供具有時代精神的專業傳教人才，讓各宗教傳統的美和今日的時代需求相結合。

四、宗教社會化

德國哲學家康德曾說：「並不是每一個人的智慧都要運用在形上學方面。」同樣的，並不是每個人都必須成為神職人員。本校創校的理念亦是如此，本校除了想要為人類宗教繼往開來外，就是希望能培養學生悲天憫人的宗教情操，用這種情

操,來面對工作、他人與自我生命。

五、世界和平的達成

我們更相信,世界和平、宗教和平來自於自我內心的和平。希望藉由世界宗教大學的成立與洗禮,沉澱淨化每一個學生的心靈,將愛與和平散播到世界各地,以促進世界和平的達成。

在落實世界宗教大學教育理念的具體方法上,將分兩條軸線進行:一是整合宗教知識與他類專業知識的對話平台;另一則是發展靈修體證的多元化及系統化學習方案,由此架構出整合宗教教育、靈性教育以及專業教育的全方位教育方案。此外,也會設置實習課程,充分落實學術與社會扣聯的機制,實際參與如何轉化當前全球化世界諸多困境的思考與實踐。

▋其他國際支援活動

　　由於愛與和平地球家在八大志業上的努力，不但在志業本身有著可觀的成就，也藉此串連出廣大的國際人脈與資源，在受到國際社會肯定的同時，並受邀參與相關的國際事務及計畫活動。我們依照性質將其大分為「國際人道救援」以及「聯合國合作案」兩大類。茲分述如下：

　　一、國際人道救援

　　「人道救援」長期以來便是心道師父與靈鷲山佛教教團的宗旨，台灣內部發生的重大天災人禍，處處可見靈鷲山志工救難的身影穿梭其中。而「愛與和平地球家」更是將心道師父的人道救援精神發揮到國際上。

　　除了前面提到的南亞大海嘯外，2008年5月緬甸發生有史以來最嚴重的風災，十三萬人死亡，數百萬人無家可歸。由於長年在緬甸的耕耘，「愛與和平地球家」成為第一個獲准進入緬甸災區救災的國際團體。率先捐款成立「台灣緬甸颶風賑災中心」，並於第一時間前往緬甸勘災。一個月內，救助九萬多人，送進了千噸的糧食及物資，帶領國際醫療團體深入災區醫護災民，並開始長期的重建計畫，包括為災區打井、提供乾淨用水、蓋磚房，並認養一千名孤兒。

　　一位參與救災的工作人員在他的日記寫下：「受風災侵襲過後的地區，幾乎房屋全倒，家園殘破、民眾流離失所的景象隨處可見。所有賑濟的物資，都要多次人

力的搬運，才能送到每個村落。我們在發放賑災物資時，謙卑平實地表達我們對生命關懷的真心，當看到孩子們咬下麵包時，臉上漾出的滿足微笑；看著婦人懷裡的孩子，在傷口包紮好後，沉睡時的安詳；我們更是衷心祈願哀慟的心靈能得到慈悲的撫慰！」

　　工作人員賑災工作的第一階段以尊重當地民情風俗、信仰與人文、自然環境為考量，運送民生物資、遺體安葬、及社區醫療等迫切需要為優先工作，接著以災後重建工作及心靈重建為主要目標。「愛與和平地球家」已經擬定了五年建設計畫，結合當地的政府和相關部門為，訂出「飲水與公共衛生」、「社區重建」、「貧童與孤兒教養」、「健康醫療」等四大目標。希望能早日幫助緬甸重建。

　　緬甸風災三天後，中國四川發生強烈地震，造成七萬人死亡，「愛與和平地球家」與佛教團體合作，除了支援物資外，並開始長期的災後心靈重建工作，透過贊助消災超度法會等活動，協助災民走出災後創傷與死亡的陰霾。

上述這些賑災行動，都是「愛與和平地球家」在國際人道救援方面的努力，未來也將持續進行。

二、聯合國合作案

「愛與和平地球家」支持聯合國的使命與目標，積極的與聯合國在各種國際性非政府、非營利事務上進行合作，並申請成為聯合國內具諮詢地位的非政府組織。「愛與和平地球家」在這方面參與過的事務及活動，列舉如下：

GFLP與聯合國合作案
1.贊助了第五十五屆聯合國DPI／NGO年會。
2.每年發起全球宗教對話週，鼓勵全世界（個人或組織）舉辦地方的宗教對話，以響應聯合國國際和平日。
3.協辦第六十屆聯合國大會2005年跨宗教祈福儀式。
4.積極地與一些志同道合的非政府組織，一同支持在聯合國總部舉辦的國際和平日慶典。
5.響應了非政府組織為慶祝第六十屆聯合國大會舉辦的「聯合國的精神：標記未來」。
6.「愛與和平地球家」的網站與聯合國連結，包括DPI／NGO年會和千禧年發展目標。
7.「愛與和平地球家」發起了一個合作網（URI），邀請世界各地的不同宗教組織或個人參與，以創立跨宗教合作的行動。

未來展望

雖然「愛與和平地球家」雖然成立只有短短的數年，但是它所肩負的，是心道師父一直以來的「愛與和平」的理念，所承載的，是心道師父長期在國際宗教交流所匯集的能量。因此，儘管做為一個新興的國際非政府組織，但是它所能凝聚與發散的能量是相當可觀的。

我們企盼，或許有一天，「愛與和平」的理念會在我們的生活中被實現。而在那一天到來之前，「愛與和平地球家」會不斷的宣揚「愛與和平」的理念，在每一個需要「愛與和平」的地方。

平和は永遠の願いである

Peace is our eternal hope

和平是我們永恆的渴

Love is our shared truth

是我們共同的真理

प्रेम सत्यमस्माकम् साधारण

शान्तिरस्माकम् शाश्वत्याशा

心道法師國際演講
與受獎事蹟篇

千禧年的心靈挑戰
——世界宗教博物館的回應

二十一世紀的佛教
——我的思考、體驗和期待

如何轉化衝突

心道法師受獎事蹟

千禧年的心靈挑戰
——世界宗教博物館的回應

時間：1999年12月3日

地點：南非‧開普敦第三屆「世界宗教會議」

緣起：1999年12月1日至8日，心道法師應邀至南非開普敦參加第三
屆「世界宗教會議」。

會議期間，心道法師主動、積極向各宗教領袖推薦世界宗
教博物館，引起各宗教領袖的關切與讚揚；國際宗教中心
（International Interfaith Center）理事Marcus Braybrooke讚揚心
道法師說：「我參加了多場討論會，只有這位佛教的法師，
不僅弘揚自己的宗教，還以包容與愛推至各個宗教；世界宗
教博物館的成立，代表著一個宗教家偉大的情操。」

在千禧年的前夕，人類正要面對來自全球化的種種挑戰，宗
教到底能為人類作些什麼？與會各宗教領袖希望以「全球倫
理」作為對話的共識基礎，並由心道師父代表宗教界，獻給
人類最值得禮讚的二十一世紀獻禮——世界宗教博物館。

各位宗教界的朋友、各位女士、各位先生，大家好：

今天很榮幸，能夠在與各位宗教領袖們相聚的世紀盛會上，分享我對生命的感恩，以及我個人對宗教信仰的體驗。相信透過充分的溝通與誠懇的互動，這趟大家經過遙遠路程才得以在此的聚會，必能豐富彼此的生命，並促使宗教界的共同攜手，朝向無距離、無隔閡、無阻礙的新時代宗教觀邁進。

人們對各宗教應有基本的常識與尊重

有史以來，宗教一直是人類心靈的終極依靠，現代社會科技進步、交通發達，世界瞬息萬變、息息相關，沒有人能與世隔絕不受影響。面對人類共同的難題：生態破壞、道德低落、戰爭威脅等等，宗教界比過去更有責任扮演「和平使者」的角色，提供人類在地球上「永續生存」的價值觀。

因此我認為，人們對各宗教應有基本的常識與尊重，而「世界宗教博物館」，就在於提供大家一個宗教的知識之門、一條信仰的體驗之路，讓大家在充分瞭解，或真正感動之後，再去選擇自己所認同的宗教。

其次，現代社會裡的資訊太多、太快，生活幾乎與電腦、網路、衛星、電視等科技，形影不離；而人們又普遍不喜歡被教條約束、控管，尤其是年輕人，他們不再輕易相信什麼，內心更加不安定。

「博物館」的學習方式，提供一個不必透過教條與儀軌，就能接觸宗教的管道，以一種沒有壓迫感，而且又活潑生動的方式，讓年輕人容易接受，並且自然的帶入生活中去學習如何面對生老病死的人生，幫助他們找到心靈的歸宿及存在的意

義，讓他們安定下來。我衷心希望，藉由宗教「尊重、包容、博愛」的精神洗禮，讓全球的下一代年輕人，都能成為地球村的良好「世界公民」。

每一種正信的宗教，都懷有「愛與尊重」的智慧與「世界和平」的理想

十年以來，我們不斷徵詢各界意見，並與各宗教團體，做實際的接觸，當我向天主教、基督教、回教、東正教等宗教單位，或修行人請益的時候，發現每一種正信的宗教，都懷有「愛與尊重」的廣大智慧，都擁有「世界和平」的共同理想。每當我有機會，參加他們的儀式，聆聽聖樂，跟他們分享經驗時，我一樣可以從這裡面感受到到佛的慈悲。

我相信，硬要把信仰世界分隔開來的話，就不是真正的佛法，我的認知與體驗，也將支離破碎；我想，其他宗教的先進大德們，也會深有同感吧。所以，我堅持不同宗教間，彼此相處上的尊重、包容與了解，這樣才有可能達到，共存共融的世界和平。我也希望，這份努力背後的用心，能擴大到世界每個角落，複製愛心到每個人心裡。

我們希望，在人類生命不斷延續的過程中，可以不再彼此殘害，而是以全人類的角度來通盤檢討：「地球的永續經營」問題。這與佛教講「三世因果」的道理一致。如果，我們希望有更美好的生命，就必須積極去創造。有了好的互動，在未來就會產生良性的循環，成為「天堂」，「極樂世界」、「美好的國度」。這就是「複製愛心」的意思。

在不同的宗教間，共同複製出一個愛的世界

我成立「世界宗教博物館」的目的，除了希望能夠展現各宗教豐富燦爛的意涵，藉此促進宗教與宗教之間的和諧外，特別希望提供各宗教對話的具體空間，將各宗教的愛心，聯合起來推展到全人類，在不同的宗教間，共同複製出一個愛的世界，共創世界和平。

過去，不論是佛、基督或任何一位先知，對心靈的提昇都有偉大的啟示，對生命的救贖都有深邃的奉獻，只是人們迷失了。人們的心靈原來是美的，只要經過啟發，那個潛藏的、本來具足的愛心就能顯現，就能發揮它的作用與能量。宇宙充滿了神聖的愛，只要啟發就能有收穫，就像大自然裡，只要有空氣、陽光和水，不論早晚都有生物在孕育成長。

「世界宗教博物館」成立的最大目的，是為了促進各宗教的共存、共融。若將宗教與生命科技「基因複製」的觀念相比擬，我們所做的，正是「基因複製基因、愛心複製愛心」的工作，以激勵人們善用生命，傳播愛心，創造美好的生命歷程，傳遞真善美的人間經驗。事實上，這個博物館是一套完整而實用的宗教文化，可以匯合宗教的愛，學習彼此的內涵，展現各宗教的崇高與神聖，以及人類信仰系統的博大與永恆。

二十一世紀的佛教
── 我的思考、體驗和期待

時間：1999年12月4日

地點：南非‧開普敦第三屆「世界宗教會議」

緣起：1999年12月初，心道法師以世界宗教博物館創辦人身份應
邀參加於南非開普敦舉辦的第三屆「世界宗教會議」，會中
發表「千禧年的心靈挑戰──世界宗教博物館的回應」以及
「二十一世紀的佛教」兩場演講，其中「二十一世紀的佛
教」演講受到世界各宗教領袖的支持與讚許，與十四世達賴
喇嘛、南非前總統曼德拉的演講，同時被譽為此次會議三大
重要演講。

12月8日，大會閉幕日，心道法師代表四百位宗教領袖上台，
向大會四位主席獻花並致詞，這是大會對心道法師的推崇與
肯定，更是靈鷲山佛教教團走向世界、走向全球的重要里程
碑。

各位宗教界的朋友、各位女士、各位先生，大家好：

我們因為擁有宗教的愛，所以這份力量我們在這裡相見；我們因為擁有心靈的家，所以我們在這裡彼此分享，讓我們來共同關心新的世紀，為這新世紀打拼，共同創造愛的世紀，讓所有的傷害都得到關懷與幫助。

我常常思索，宗教在下一個世紀的意義是什麼？特別是科技和經濟已經將世界縮小成一個地球村的時候，在這個人類精神道德低潮的時代，宗教和社會的關係是什麼？我們和別人的關係又會是怎樣？

在我居住的地方台灣，不久前，9月21日凌晨1點47分，在短短的幾秒內，在一陣狂烈劇震搖動後，台灣的中部就倒塌了八萬多棟房屋，死傷一萬三千多人，災民高達三十多萬人。

傳播媒體在這時候產生了正面的效用，不斷地以各種文字、畫面，呼籲全民共同協助重建家園。透過電視看到這種悲慘情景的人，紛紛開著汽車裝上救濟物資開往災區，把交通都癱瘓了。

陌生的人們在災區互相扶持，世界各國的救難隊伍並主動地隔著半個地球飛來。人救濟我、我救濟人，大家熱淚滿面，台灣的人民從未有過這樣的經驗，以致於不少人後來改變了對人生的看法，這種心靈的轉變是相當奇妙，無法用言語來加以形容的。

佛教在過去的歷史中，和許多其他宗教界、哲學界及藝文界，都能相輔相生，這些用平等與和平的方法、用關懷與包容的態度，進行交流的經驗，使佛教獲益良多。今天，佛教仍然要保持，這種欣賞別的宗教的深度及優美之處的態度。

兩千五百多年前，釋迦牟尼佛在菩提樹下成道，教導人們看到這世間種種苦、無常多變、沒有永恆不變的現象，明白痛苦之所以集結的原因，以及去除痛苦的方法；同時，他又從時間與空間的微妙關係，教導人們「空」與「有」的概念，了解物質與精神的變化與統一性，讓身心世界超越時空的界限，而能跟宇宙契合；此外，他更教導人們打破自我的侷限，從利益他人的生命，昇華到忘我、無我的境界。所以，佛教所說的佛，就是徹底了解宇宙人生的道理、圓滿利益眾生的覺悟者。佛陀是已經覺悟的眾生，眾生是未覺悟的佛陀。

　　學佛就是在學習一個圓滿的資訊，瞭解思想層次，達到無礙智慧的世界，來讓我們活得更好，而不是盲目的偶像崇拜。

　　記得以前我曾經到美國一個黑人教會去聯誼，有位黑人朋友問我：「為什麼你們佛教要偶像崇拜？」我回答說：「佛講的真理是解空的智慧，所以我們追求的是空性、是智慧，那麼，空性，是偶像嗎？佛法中根本沒有『偶像』，你所謂的『拜偶像』，在真正的佛教徒而言，只是紀念與啟思的作用而已。」

我的親證

　　我這半生，用了一切的力量去追求佛理，用了很多的虔誠、卑下的心去追尋它，甚至用了不少的金錢去求人傳法，用各種的苦行去證悟道理、經驗道理。

　　經過這麼多年的時間，走過這麼多曲折的路程，到今天，我的心，越來越肯定這份佛理的存在與永恆。

　　我四歲離開父母，十三歲流離到台灣，開始接觸新的知

識，啟發了我的新生命。在這期間，我最喜歡中國教育家孔子的語錄，甚至很認真背誦。

接著，又遇到出家和尚引導我學佛，當時，一聽到佛教中最具慈悲願力的觀音菩薩的聖名時，就很感動的哭了，從此，我發願要像觀音菩薩一樣，救眾生的苦、度世間的難。

從殘破的家庭走到戰亂的環境，看到人們生命的脆弱；從東南亞到台灣，接觸到生命和世界的各種無常與變化，再從我接觸的各種信仰思想等等，不斷地思考，什麼是我要找的？一直想想想！我就這樣一路想下來，想到內心充滿了負擔。

慢慢地，我覺悟到不要只是空想，而應該真正的走入人生；將過去所有想不通的地方，在這裡找到印證，找到出路。

於是開始歷練各種的生活，送米、演戲、做種種苦力的工作，從這當中慢慢地去觀察生命。

在我的修道過程中，這份體驗，就是在試煉我那份求道的心。我就從這裡面去歷練，直接走向生活，從中發現「道」，進而思考「道」的意義。

其間，我曾嘗試找到好老師，引領我出家，但是都找不到，一直到我的好朋友往生，我再一次體會到生命是那麼不可靠，也深刻感覺到修道的急迫性，從這裡，激發出我出家的一個決心。

為了讓這一生不白白走過，於是，我決定用全部的生命去求證。開始時，我曾經在靈骨塔、墳場以及廢墟，用十年的時間，每天禪修打坐。

從人群的生活，走向個人的獨居，首先，斷絕的是外在的資訊。那時候，心裡開始感到孤獨，有一種與世隔離的感覺。

慢慢地，我在佛法中理解到，我跟人群並沒有離開過，因為，我們每個人都有一個共同體，這個共同體是誰也沒離開過誰；人群一直跟我在一起，所以我就克服了這種寂寞。

我閉關的墳場常有人抬著屍棺進來，家屬們哭成一團，本來我也覺得可憐，跟著他們一起哭，誰知道，當我的眼淚還沒乾時，家屬們已有說有笑地離去；還有野鳥搶食屍肉的情景，都讓我清清楚楚地看到：悲欣的無狀、生死的無常。

慢慢地，我從禪定中觀察自己的心，它的起伏、變化與生滅，體驗到真正與自己在一起、與天地在一起、與古今在一起的美妙，心的警覺度，也變得非常敏銳。

接著，我開始最嚴格的斷食閉關，這時已經抱定「如不成佛誓不休」的決心，用生死下了最大的賭注。

斷食的時候我看到了最後的自己，那麼脆弱、微弱的一個生命狀況，怎麼樣讓自己在微弱的生命裡面，去除欲望，而得到一個永恆的證悟。這時我體會到，世間每個人都會走到死亡這條路，看世間，就是看無常，看懂了，就是結局，所以，再回頭過來，就是看到自己的結局。

可是我也看到一個永恆的光明，這個永恆的光明是不變的，是有無不二的、是宇宙的實相。因為我思故我在，我不思也在，所有假的東西會離開，連死亡都是假的，又何所畏懼？

本想就這樣斷食下去，卻有越來越多信眾前來問法，可能是度眾的因緣已經成熟了，是自利利他的時刻到了，希望能將我體悟的法分享給人。從此，我的修道生命開始走向人群，鼓勵所有前來請求解決生命問題的人，積極的實踐生命的關懷與服務。

佛教因應二十一世紀應做的工作

在面臨這個地球村的時代，要提供給二十一世紀更完整的佛的資訊，我從自己的體驗和修行中瞭解，認為我們應該做好下面的工作：

首先，是佛法教育的條理與實踐。

佛法的經典既深且廣，光是大藏經就有七千多萬個字，從中衍發出來的論著更無法計算。

一般人對佛法的義理，並不是那麼容易懂，我們應該規劃出深淺不同的系統化教材，讓小孩到成人，可以循序地理解到佛法的資訊；而應用到現代，要用現代人的語言方式、現代人的生活背景、運用現代化的方式教學。尤其，網際網路已經帶來一個新的宗教時代，佛法可以好好運用現代通訊媒體，做好網路弘法，讓訊息傳遞能更快被接收到。

在網路信仰裡面，並不會吸收到真正的實踐的感受；知識只是一個想法，要達到實踐，還是要透過教堂、寺廟或修道院；因為教堂、寺廟才是實踐的地方，是有感覺的地方。我們要用網路弘法，但不要讓網路埋沒了生命的體驗。所以教堂、寺廟的傳教士、出家人本身，還是要有實際的修行，才能讓這些地方，成為有生命體驗的地方。

其次，是佛教資源的整合與開創。

人類不斷地開發資源，開發以後所帶來的環境破壞及資源浪費，讓生活日趨物化、緊張、複雜。相同的，各宗教在面對現代社會的生活模式下，也遭受同樣的威脅。

事實上，從修行的角度上來看，簡單的生活是有利於靈性

的。以對生命的關懷、愛惜，取代殺生、戰爭；以對大地的尊重和感恩，取代環境的掠奪與破壞。從「捨」取代「得」，讓物質生活少一些需求，讓靈性生命多一份清明的空間。

再從利益大眾的角度來看，很多佛教團體從事不同的社會服務工作，但也有不少需要服務的工作，沒有人去做。然而，取之社會、用之社會，我們是否能將有限的社會資源做好分配？讓需要做的事都有人去做，需要幫助的人都得到幫助。這就需要開誠布公的協調與整合了。

我們能不能設立一個超然的組織，一個無國界的佛教團體？各國之間可透過這團體，互相統合資源，例如：佛教古蹟的修復與維護；宗教資訊的連結與分工；各地佛教社團的互助與互補；藉此呼籲和帶領佛教徒過一個簡化、乾淨、儉樸的，人性、睿智、包容的，符合時代的生活。

第三，是佛教思想的會通與發展。

三乘佛法，在全世界雖然有其主要的發展地，但由於地球村的形成造成資訊傳遞快速的關係，三乘弟子之間彼此也開始交流互動了。大乘佛教，開始去學習南傳的修行法門，甚至也修習密乘的傳承。出家人間互相學習，成為一件很平常的事，甚至不同宗教間也彼此交流學習。

在我的道場裡有一百多名的出家弟子，每年我都邀請修行有成的人來為他們講法、教育他們正確的修行方式。曾經，我邀請過南傳的尊者，教他們修習不同的呼吸法；也曾邀請持戒清淨的大乘和尚，來教導他們如何當一個真正的出家人；同時，也曾請來密乘的法王、仁波切，教導他們密乘的修行次第；甚至，我們也邀請各宗教的傳教士來山教學，分享他們的

信仰生命，這些，都是為了讓他們學習一個完整的資訊，才能在這個資訊爆炸的時代，具足弘法的智慧，適合時代需求。

佛教思想要能全面性的了解，需要將不同派別的教法加以融會。我們可以建立會通的機制，舉辦對話的會議，開展佛學的交流，彼此互相講習，甚至作開放性的論證。

目前佛教派流相當多，如果都堅持自己是最好的，就不能更好，因為百千法門都有其長處，都有其特殊的體驗和悟道，要能夠彼此增加了解，增多接觸，增進相互的溝通與提昇。否則，對佛的資訊只能片面取用，相當可惜。

前面的準備工作做得紮實，那麼，佛教對二十一世紀的貢獻，將能發揮整體的效應。

佛教可以為二十一世紀做什麼？

首先，佛法的生命觀，是對二十一世紀的一帖良藥。

生活在地球村的時代，飛機可以讓我們花一、兩天的時間，就從世界各地來到開普敦；將來，我們之間的溝通，也可以透過電子媒體瞬間傳述，這是現代人拉近距離很好的優勢。

但是，我們卻發現到，人與人之間，雖然可以頻繁的接觸，卻有很大的疏離感，整個資訊社會的發展，卻讓眾人之間有很強的防衛心。事實上，近來先進的企業家也有人走向「互利」的經營觀念，所謂「競合」而不是「競爭」，採取雙贏的作法。有鑑於此，人們更應該體會到，生命共同體的觀念，追求眾生平等的安樂，實踐世界一家的和平。

前面我曾說過，每個生命都有他的記憶體，記憶體跟記憶體之間會產生很多的互動，互動得好，我們就能健康、快樂，

整個生命網路就能活潑、自然。從觀念上，將我們雜亂的想法歸零、消融掉；從行為上，積極行善，栽培優良的記憶種子，累積人跟人之間的善緣，人的生命便處處是生機，而不是走到哪裡都是死棋、行不通。

我對弟子的教法，就是讓他們學習去服務別人，實際學習而能去做，這樣，他們就能經驗、體會到生命的互動，用生命服務生命，用生命奉獻生命，所以，他們就能活得積極、樂觀而正面。

其次，「宇宙環保」的觀念，必須在二十一世紀得到高度的重視。

當代科學家提出了「蝴蝶效應」的理論，正好指出了實際的因緣下，個體與整體的關係。也許，開普敦的蝴蝶搧一搧翅膀，三個月後，台灣就會下一場大雨了。當我們不明白宇宙的基本軌則，不瞭解生命相依、相存的意義，生命系統也就在輕忽下被摧殘，整個時空的磁場也就被弄亂了。

在佛教中有很多的戒律，告訴我們要去除內心的貪婪，過簡樸的生活。因為，只有內心對物質需求的簡約，我們才不會對大自然予取予求，開發過度。這麼說，並不是要反對科技的發展，而是一個簡樸、單純的生活態度，才更有資格享有科技的生活。

前一陣子，美國聯邦調查局向美國發出警訊，指出暴力集團，以千禧年為犯罪行動的刺激因素，將攻擊宗教、種族、聯合國等團體。雖說是預測，許多人都因此而惶惶不安了；再如全世界類似的暴力事件，接連不斷地發生，這都說明了暴力的波動，是會讓人產生恐懼，也有它的傳染性的。這是「宇宙環

保」最大的殺傷者。因此，不僅是物質環境的環保，我們還要
特別注重心靈的環保，也就是，要去除我們內心的貪、瞋、
癡，把這些積習已久的污染源，丟到「空性」的焚化爐；心性
得到清淨的呼吸，整個宇宙生命系統，才會安定與和諧。

　　再者，佛法與科學可以互為運用。

　　科學可以大到發展太空科技，小到研究夸克、量子，甚至
基因。佛學也可以談到，如恆河沙數的銀河世界，也可講到微
塵粒子。科學與佛學兩者互為運用，可以讓人類得到更大的發
現與潛能。

　　近來發展迅速的基因工程，不斷地探索人體的奧秘。一個
全球合作的「人類基因圖譜計畫」，企圖找出人類DNA的大約
十萬個基因結構，這將使人類對基因的了解，有突破性的發
展。

　　在我接受到科學家對基因的研究理論時，反應在我的修行
體驗中，我理解到：基因理論也可以印證到那個心識作用的記
憶體。基因異常，會引發生理的疾病；同樣的，心識產生惡的
記憶，也會錯亂生命的資訊系統，這就是為什麼有些催眠療
法、心靈治療，要患者回到當初的記憶時刻，去放下那個記
憶，讓它歸零，而還原成一個完整的、乾淨的系統。

　　如今，人類已經開始從科技的角度探索心靈，這些研究或
許可以創造出更多的發明，但是，如果缺乏了一個元素，這些
機械性的發明，將會帶給人更多的空虛與憂慮。這個元素就是
「慈悲」，也就是其他宗教講的「博愛」。只有這個元素的加
入，我們才會回歸到人性的接觸，才不會忘記人之所以為人的
原因。所以，佛法與科學做良性的互動，應該能夠突破我們有

限的心識所造成的混亂和盲點。

最後，我想佛教在下一世紀最要努力的，就是與各宗教做實質的交流，創造共存、共融的宗教空間。近幾年來，我的道場有各國的傳教士來訪，從他們有些人身上，我一樣看到了相同於佛陀的慈悲和智慧的展現，彼此能夠融洽的交往、和樂相處；這給我留下了極深的印象。

從我的修行經驗裡，我發現到，真理既然是無所不在，那麼從任何一個角度都能切入。因此，我們透過宗教交流的學習，由知道到達真理的全方位資訊，而選擇適合自己的道路，確認自己與別人的方位，也就可以排除不必要的紛爭，互相包容了。

宗教學者孔漢思（Hans Küng）說道：「不同宗教信仰未能和平相處之前，世界和平是不可能的。」我相信這個說法。因此，我不斷地致力於宗教之間的交流與學習，同時，也在台灣籌設一座世界宗教博物館，希望能將各宗教的愛心都放在這個博物館，集合成一個善的空間，讓大家在這裡得到愛的種子、善的記憶、尊重生命，進而提昇性靈的實踐。

以上，是我個人在佛法上的體驗，以及對二十一世紀的期盼。

中國的聖人傳訓中說，「有朋自遠方來，不亦樂乎！」今天特別要感謝，大會給我這個機會，有幸成為偉大而高貴的世界教友的訪客。感謝各位宗教領航者的參與和印證，希望大家能給予珍貴的建議。尤其，「世界宗教博物館」即將開館，我們期待各位能共赴盛會，蒞臨指導。謝謝各位！

如何轉化衝突

時間：2000年8月28日

地點：聯合國紐約總部「千禧年宗教及精神領袖世界和平高峰會議」

緣起：2000年8月28日，「千禧年宗教及精神領袖世界和平高峰會議」在聯合國紐約總部正式開幕。 在全球媒體注目下，全世界的宗教領袖共同簽署了「包容與無暴力承諾」和平宣言，承諾終止宗教暴力與衝突、消滅貧窮、解決環境破壞問題、廢除核武與尊重人權。聯合國也將這一天定為和平祈禱日。這次會議是聯合國成立五十五年以來，首次邀集全球各大宗教領袖齊聚一堂，一同為世界和平的議題貢獻智慧與經驗。心道法師此次以世界宗教博物館創辦人身份受邀，使得台灣代表得以在退出聯合國三十年後，首次以非政治方式重返聯合國致開幕詞，並發表以〈如何轉化衝突〉為主題的演說，同時朗誦了獻給世界和平的祈禱文。

我親愛的兄弟姊妹們，本人深感榮幸，能夠與諸位相聚於千禧年的「世界和平高峰會議」，並就「衝突轉變」此一主題作演說。身為一位佛教僧侶，內心與外在和平的獲得，是吾人所有修行之根本。

我個人相信，唯有當我們學會了去建立一個以和諧共存為基礎，同時也尊重了解不同傳統的文化時，方能實現將人類團結一起的目標。

這個時代，寬容與尊重的需求程度，達到空前強烈的地步

引發衝突或戰爭的原因很多，有些衝突或戰爭根源於經濟與政治因素。而衝突發生之關鍵，往往是因為不同族群或團體之間，相異又不能相容，不同的族群、宗教與民族，無法友好共享生活在一起。

在過去，一個族群團體想要離群索居，並且完整保留自身的傳統，比起現在要容易多了。但是，這種情況越來越難發生在今日，因為這個時代，我們彼此相互關聯，同時，彼此間的聯繫日益緊密，寬容與尊重的需求程度，達到空前強烈的地步。

現代衝突或戰爭的發展情勢，將使得更多的權力集中在有辦法獲得高度摧毀能力武器者的手中。為了對抗這些危難，我們必須著手創辦一個全球性、教育性的運動，以「所有人皆為我至親」的理念作基礎，建立一個寬容與尊重兼具的文化。

增進對其他宗教的了解，
將會加強對自身信仰的欣賞、珍惜之情

　　這份認知，就是引導我創立「世界宗教博物館」的動力。
有些人害怕一旦去接觸或了解其它宗教的傳統，就可能威脅到
自身的宗教傳統。而事實上，增進對其他宗教的了解，將會加
強對自身信仰的欣賞、珍惜之情。讓世人都能理解不同宗教間
的相異之處，同時也能珍惜共同的精神渴望，各宗教對意義、
目的與啟發的追尋，有各種不同的表達方式，而每一種方式，
都有他獨特觀點，蘊藏於每一種傳統中的美麗與靈性，都應該
被認可。

　　「世界宗教博物館」揭櫫人類精神上所追求的共同因素，
同時也強調尊重彼此相異之處。讚揚各個信仰傳統來表達生命
旅程——由出生、步向成長、婚姻、到成年、老年、死亡到超
越生命的經驗，內在意義廣泛而且又富教育性。我們的目標
是：要把寬容、和平與博愛這個重要的訊息，傳達給全球的人
們。

　　我的夢想是：幫助年幼的佛教徒，去體驗那些在猶太教、
基督教、伊斯蘭教、印度教與其他偉大宗教傳統中的美麗與靈
性；同時，也協助那些屬於不同宗教的年輕信徒們，能夠有機
會來探索與欣賞佛教獨特的一面。藉此來促進世界和平，讓地
球真正成為一個「地球家」，當然，我們都是成員之一。

　　現在是全體人類共同積極、真誠地展開行動促進和平的時
候了，千禧年的「世界和平高峰會議」乃是一個由衝突向和平
發展的轉化點，我祈求我們今日在此的努力，在日後能帶動出

許多具體的活動，藉由我們共同的參與，有更好的機會為全體人類帶來幸福。

我要將代表世界宗教博物館的神聖哈達，敬獻給我們這次參加和平會議的所有的宗教領袖，還有辛苦的工作人員，也敬獻給最高智慧的聯合國秘書長，願此哈達獻給大家幸福快樂。

今天我們能夠在這個重要的場合相聚，每個人帶著自己的文化與信仰，讓我們在這個地球村裡面，如兄弟姊妹般的互相認識、相處，同心協力的為全人類的明日做更美好的努力。在祝福我們共同的理想實現之前，我也想提醒兄弟姊妹們，在這個地方，不僅是站在台上讓大家更瞭解我們的信仰，更重要的是在這幾天的接觸當中，能夠消除、突破語言、國界、文化上的障礙，讓我們能代表各自的信徒先拆掉界線，把彼此間的牆打開，然後交談、溝通、對話，踏出建構永恆和諧世界的第一步！這是我在祈禱前一點點的想法，以下即是我獻給世界和平的祈禱文：

世界和平祈禱文

為了完成對生命意義的明白，以及對生命價值的奉獻，我們發現宗教是人類心靈的源流。心意識的無常，以及生命的無常，乃是世人共通的歷程。

為了認清世間的真相，必須成長我們心靈的空間。我對真理的了解是無法用言語來敘說的——

只有用愛及真誠的行動來實踐真理、趨向永恆！

我願以至上的心，祈求——

全世界為這份「愛與和平」的至高理想而獻身的人們，勇

於堅持並團結一致；

我願祈求——

全世界無依無靠、稚幼可憫的孤兒，都能得到社會溫暖的照顧和國家的栽培；

我願祈求——

戰爭的不義，在全球具足人性的人權機構努力之下，和平化解，人們得以免除殺戮的恐懼；

我願祈求——

因為貪婪愚昧而過度傷害大地的一切作為，能夠終止，不再威脅地球的生機；創造人們共同的地球家，擁有美好的人文生態世界。

我願以——智慧的梵音，成就人們心中所有的希望！

唵嘛呢唄咪吽

心道法師受獎事蹟

▌獲頒斯里蘭卡「修行弘法貢獻卓越獎」

　　2005年6月25日，心道法師在斯里蘭卡首都可倫坡東南的安比利匹提亞（Embilipitiya），接受斯國國家最高佛教榮譽獎殊榮。頒獎儀式，首先於當地中央廣場，上千名大眾觀禮下，由斯國總理魏克雷・摩新達（Rajapaksa Mahinda）乘直昇機親臨與會致賀，頒贈國家佛教最高榮譽法扇；繼而轉到僧伽集會廳，逾三百位僧伽代表見證下，由僧伽最高尊長梅哈蘭卡拉長老（Ven. Weweldeniye Medhalankara），將「修行弘法貢獻卓越獎（Dharma Keerthi Sri）」證書頒贈心道法師。而此南傳佛國的聖儀傳承與對此獎的重視，可見一斑。

　　為表彰國際佛子在修行弘法的卓越貢獻，斯國佛教三大支派之一的「拉曼納派（Sri Lanka Ramanna Nikaya）」組織特設此獎；經檢送斯國三十八位委員全員審核通過，呈遞最高等佛教機構複核，獲得評委一致肯定，方能獲此最高榮銜。

　　此次心道師父獲此殊榮，是由國會議員「大菩提基金會」索比塔長老（Ven. Omalpe Sobhita Thero）提名。根據傳統，候選人必須具足：一、道行高深，修行過程清淨圓滿；二、積極弘法布教，發揚佛教精神；三、普為各界尊敬推崇等資格。過去十年，斯國僅六位獲此殊榮，國際人士僅兩位獲獎，心道法師是台灣第一人。

　　在接受訪問時表示：「能得到獎項肯定的修行者很少，國際人士則只有兩人得到，所以此次獲得榮譽證書與象徵性法扇是很難得的，但靠我一人是不可能獲獎，所以我將這個榮譽與所有信眾弟子分享。」

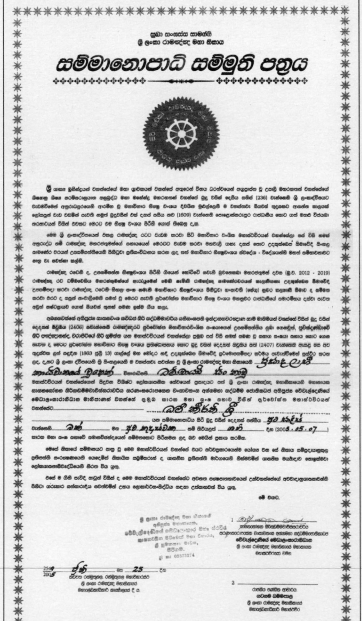

獲頒印度「穆提拉尼赫魯和平包容和諧獎」

　　2005年8月6日上午10時，心道法師在印度首都德里獲頒「穆提拉尼赫魯和平包容和諧獎」（Pt. Motilal Nehru National Award for Peace, Tolerance and Harmony）。這個獎是由印度推動宗教交流的伊斯蘭教組織「宗教交流和諧基金會（Inter Faith Harmony Foundation ）」所主辦。由2002年卸任的印度前總統納拉亞南（Nalayanan）主持頒獎，是印度國家級的大獎。

　　歷屆頒發的此一獎項，都是以歷史上的重要人物命名。以「穆提拉尼赫魯」為例，就是與「印度聖雄」甘地共同促成祖國獨立的前印度總理尼赫魯的父親之名。此獎項的特色，除了以重要人物為獎項命名之外，每一獎項也都與和諧、包容、和平三項主題有關。

　　因此，本次心道法師以佛教徒身分獲獎，相當具有時代意義，除了代表他多年來在宗教和平的努力獲得接受與肯定。也意味著他多年來推動的「回佛對談」活動，受到伊斯蘭世界的重視與認同。

PT. MOTILAL NEHRU NATIONAL AWARD FOR PEACE, TOLERANCE & HARMONY-2005

RECIPIENT

DHARMA MASTER HSIN TAO

Founder, Museum of World Religions, Taiwan

Presented by

INTER FAITH HARMONY FOUNDATION OF INDIA

(A Forum For Inter Faith and Inter Civilization Dialogue Floated By Indian Muslims)

Saturday, 6th August 2005

Scope Convention Centre, Scope Complex, Lodhi Road, New Delhi

Philosophy Which Mankind Should Believe And Practice

"Amity is better than Enmity,
Conciliation is better than Confrontation,
Dialogue is better than Deadlock,
Harmony is better than Discord, Love is better than Hatred,
Peace is better than War, Tolerance is better than Impatience,
Understanding is better than Conflict,
Unity is better than Division or
Dissidence and Sacrifice is better than Demand"

Dr. Khwaja Iftikhar Ahmed
Founder President

█ 獲頒緬甸「國家最高榮譽弘揚佛法貢獻卓越獎」

2006年3月，緬甸政府頒發「國家最高榮譽弘揚佛法貢獻卓越獎」給心道法師，肯定他的貢獻。時值心道師父閉關期間，因此由靈鷲山佛教教團派代表法師前往受獎。

據了解，這項緬甸國家榮譽獎分為三級。一般得獎者通常從第三級榮譽開始，然後漸次地才能得到更高的肯定。但心道法師第一次獲獎即得到一級獎章的最高推崇。而且頒獎地點特地選在相傳是佛陀經典第六次集結的和平石窟中，更加強其殊勝與傳承加被之意。

緬甸所頒發的國家榮譽一級獎章共有六十三人獲獎，大多數均為國家高僧。名單公布的順序依照年紀與戒臘逐一安排，心道法師名列六十三，是其中「最年輕」的一位榮譽得獎者。而所有得獎者中只有兩位「外國人」，其中一位因文學創作而得到肯定，另一位即是心道法師。

緬甸政府在授證獎狀上說明心道法師得獎緣由，包括連續五年在緬甸地區供齋萬僧、佛國種子獎助學金認養專案、孤兒教育院興建計畫、修復佛教古蹟寺廟等。由這些獲獎緣由可以看出，心道法師和靈鷲山佛教教團以及「愛與和平地球家」在緬甸地區的努力與貢獻是如何受到緬甸政府以及一般民眾讚揚與肯定。

國家圖書館出版品預行編目資料

靈鷲山誌. 國際發展卷 / 世界宗教博物館,
靈鷲山三乘研究中心編輯. —— —— 初版
. —— ——

臺北縣永和市：靈鷲山般若出版, 2008.11面；
公分 靈鷲山開山25周年特刊

ISBN 978-986-84129-9-6(精裝)

1. 靈鷲山佛教教團 2. 世界宗教博物館 3.佛教
團體 4. 愛 5. 和平

220.6   97014297

靈·鷲·山·誌
國際發展卷

總 監 修　釋心道
總 策 劃　釋了意
編　　審　世界宗教博物館、靈鷲山三乘研究中心

顧　　問　周本驥
主　　編　釋了意、賴皆興
潤 稿 校 正　釋鴻持、范敏真
執 行 編 輯　陳俊宏、莊雅婷
封 面 設 計　王鳳梅
美 術 設 計　蔡明娟
圖 片 提 供　世界宗教博物館、靈鷲山攝影組義工

發 行 者　財團法人靈鷲山般若文教基金會
發 行 人　歐陽慕親
出 版 者　財團法人靈鷲山般若文教基金會附設出版社
網　　址　www.093.org.tw
法 律 顧 問　永然聯合法律事務所

地　　址　23444台北縣永和市保生路2號17樓
電　　話　（02）2232-1008
傳　　真　（02）2232-1010

總 經 銷　成信文化事業股份有限公司
地　　址　23148台北縣新店市中正路四維巷二弄2號4樓
電　　話　（02）2219-2080
傳　　真　（02）2219-2180
劃 撥 帳 戶　財團法人靈鷲山般若文教基金會附設出版社
劃 撥 帳 號　18887793
初 版 一 刷　2008年11月
定　　價　600元
I S B N　978-986-84129-9-6（精裝）